MORPHOS

MORPHOS besteht aus

dem **Methodenhandbuch**, das sehr detailliert in die Anwendung der morphologischen Problemlösungsmethoden einweist, auf alle Fragen der Methodenpraxis Antwort gibt und die Vorgehensweisen an mehr als zwei Dutzend Beispielen veranschaulicht;

*

dem **Bedienerhandbuch**, das einfach und verständlich durch das Software-Programm führt und dem Benutzer dessen vielseitigen Gebrauch am Bildschirm erschließt;

*

der **Programm-Diskette.**

Methoden- und Bedienerhandbuch sind in einem Band zusammengefaßt und mit der Diskette in einem Schuber untergebracht.

Das Programmpaket MORPHOS verkörpert kreative Problemlösungsfähigkeit mit System. Es unterstützt die erfolgreiche Bewältigung von Innovationsprozessen in Unternehmen aller Größen und Branchen.

MORPHOS wird vom Vogel Buchverlag Würzburg verlegt und direkt vertrieben.

MORPHOS

Helmut Schlicksupp · Ideenfindung

Dipl.-Wirtsch.-Ing. Dr. Helmut Schlicksupp

Innovation, Kreativität und Ideenfindung

4., überarbeitete und erweiterte Auflage

Vogel Buchverlag

Helmut Schlicksupp
Jahrgang 1943, studierte an der Technischen Hochschule Darmstadt und schloß dort 1969 als Diplom-Wirtschaftsingenieur ab. Von 1970 bis 1976 war er am Frankfurter Battelle-Institut tätig und leistete Pionierarbeiten auf dem Gebiet der Erkundung, Entwicklung und Anwendung von Methoden zur Förderung von Innovation und Kreativität in der Industrie. TILMAG- und SIL-Methode, Sequentielle Morphologie, Semantische Intuition, 3D-Strategie, SCM- und CALMI-Technik sind nur einige seiner Methodenentwicklungen.
Die Durchführung von Projekten zur Produktinnovation bzw. -diversifikation war ein weiterer Schwerpunkt seiner Tätigkeit am Battelle-Institut. 1975 promovierte H. Schlicksupp zum Dr. rer. pol. mit einer Arbeit über Grundlagen kreativer Prozesse und Methoden. Er ist Autor zahlreicher Veröffentlichungen auf dem Themengebiet Kreativität und Innovation und dabei auch der Reihe Management des Vogel-Buchverlages seit vielen Jahren verbunden. Seit 1976 ist H. Schlicksupp als selbständiger Unternehmensberater tätig.
Anschrift: Biethsstraße 35, D-6900 Heidelberg

Die Deutsche Bibliothek – CIP-Einheitsaufnahme

Schlicksupp, Helmut:
Innovation, Kreativität und Ideenfindung /
Helmut Schlicksupp. – 4., überarb. und erw. Aufl. –
Würzburg: Vogel, 1992
(Vogel-Fachbuch) (Reihe Management)
ISBN 3-8023-0650-3

ISBN 3-8023-0650-3
4. Auflage. 1992

Herstellung: Alois Erdl KG, Trostberg

Vorwort

Als ich in den Jahren 1971/1972 die Untersuchung «Methoden und Organisation der Ideenfindung» am Frankfurter Battelle-Institut durchführte, beschränkte sich die systematische Anwendung von Kreativitätstechniken und morphologischen Problemlösungstechniken im deutschen Sprachraum noch auf wenige, bescheidene Keimlinge. Die Diskussion um den möglichen Stellenwert dieses Instrumentariums im Innovationsgeschehen der Unternehmen war entsprechend kontrovers.

Heute, etwa zwei Dekaden später, ist die grundsätzliche Bedeutung der Methoden zur Ideenfindung unbestritten, und gegenteilige Meinungen bilden sich allenfalls dort, wo kein tieferes Wissen und keine soliden Anwendungserfahrungen über die Methodik vorliegen. Der Nutzen für die betriebliche Praxis wird mir täglich in Seminaren und Workshops bestätigt.

Zwei Beobachtungen sind jedoch bedauerlich und gleichzeitig wenig zu verstehen: Einerseits mangelt es noch weitgehend an organisatorisch konsequenten Absichten und Maßnahmen, die das Instrumentarium gesichert ausschöpfen, zum anderen beschränkt sich die Methodenpraxis weitgehend auf Brainstorming und das Arbeiten mit Ideenkärtchen. Die weitaus leistungsfähigeren, kreative Impulse und innovatives Denken viel stärker anregenden Methoden stehen völlig zu Unrecht noch zu sehr im Abseits. Auch diese Methoden für sich zu entdecken und zu nutzen ist ein wesentliches Anliegen dieser Veröffentlichung.

Ausgang der hier behandelten Inhalte war eine Artikelserie zum Thema Ideenfindung, die seinerzeit in «Management Wissen» – damals noch Beilage in Fachpublikationen des Vogel-Verlages –

erschienen war. Diese Serie fand so großes Interesse, daß das Thema in erweiterter Abfassung 1980 als Buch veröffentlicht wurde.

Der Verlag hatte die dritte Auflage in attraktiver Weise neu gestaltet. Dies war mir als Autor Verpflichtung, die Inhalte teilweise mit neueren Erkenntnissen zu überarbeiten und vor allem zu ergänzen. Erweiterungen betrafen Ausführungen über Schwachstellen im Innovationsprozeß, über Kreativitätsblockaden, häufige Mängel der Brainstorming-Anwendung und ein Beispiel zur Hypothesenmatrix. Ferner wurde die Methode Imaginäres Brainstorming aufgenommen, die als Instrument vermehrte Beachtung verdient.

In die vorliegende vierte Auflage wurden einige zusätzliche Methodenbeispiele eingebracht sowie in Ergänzung des dritten Kapitels Hinweise zur Überarbeitung und Bewertung von Ideen.

Heidelberg | Helmut Schlicksupp

Inhaltsverzeichnis

Einleitung

Auf einen groben Nenner gebracht, hängt die Überlebensfähigkeit der meisten Unternehmen – gleich welcher Größe und Branche – weitgehend von deren Vermögen ab,

- ihre auf Produkte, Verfahren, Leistungen usw. gerichteten Tätigkeiten wirtschaftlicher, d.h. im Regelfall: kostengünstiger, auszuüben,
- die Ergebnisqualitäten der Tätigkeiten anzuheben,
- weitere Anwendungsfelder für die bisherigen Tätigkeiten zu finden,
- die bisherigen Tätigkeiten anpassend zu verändern oder
- völlig neue Tätigkeiten hervorzubringen und zu vermarkten.

Gleichgültig, ob die damit verbundenen Maßnahmen im einzelnen

- Grundlagen- oder angewandte Forschung,
- Produkt- oder Verfahrensentwicklung,
- Rationalisierung,
- Konstruktion,
- Wertanalyse,
- Marketing,
- Neuproduktplanung

oder wie auch immer genannt werden – eines ist diesen gemeinsam: Ihre Durchführung kann selten über stereotype Verhaltensmuster oder eingefahrene, wohlvertraute Routinen erfolgen, und ihr Ergebnis ist jeweils eine neue, dem Unternehmen vorher unbekannte Lösung.

Demzufolge beginnen sich die Anforderungen an Unternehmen im Vergleich zu den zurückliegenden Dekaden erkennbar zu verschieben. Die Fähigkeit, feststehende Handlungs- oder Arbeitsabläufe sorgfältig, hochwertig und zuverlässig ausführen zu können, verliert zwar nicht absolut, jedoch relativ an Gewicht. Demgegenüber gewinnt die Befähigung zur Wahrnehmung unternehmensrelevanter Chancen und Probleme und zur Hervorbringung neuer Produkte, Verfahren, Methoden, Konzepte oder Strategien zunehmende und entscheidende Bedeutung. KNUT HOLT faßte diese notwendige Umorientierung in einen prägnanten Satz: «Our future problem is not to do things right – but to find the right things to do».

Es ist also die Absolvierung von Problemlösungsprozessen, die zu einem immer wichtigeren Erfolgskriterium für Unternehmen wird und dabei keineswegs nur die Führungsebenen betrifft, sondern ebenso alle nachgelagerten Bereiche.

Was sich damit einerseits als Anforderung stellt, eröffnet jedoch auch eine Fülle überraschender Möglichkeiten. Denn gerade bei geistig-problemlösenden Tätigkeiten können noch Produktivitätssteigerungen erschlossen werden, deren Ausmaße kaum übersehbar sind. Immerhin schätzen ernstzunehmende Experten den Nutzungsgrad des problemlösenden Potentials, das durch die Mitarbeiter der Unternehmen repräsentiert wird, in den westlichen Industriestaaten der Gegenwart auf allenfalls 30 bis 40%!

Es gibt eine ganze Reihe von Gründen, warum die Steigerung der Effizienz von Problemlösungsprozessen bis heute – gemessen am Möglichen – vergleichsweise noch recht gering ist. Dazu gehören beispielsweise:

- Probleme besser zu erkennen, zu lösen und zu entscheiden ist an die Einsicht gebunden, daß es sehr wahrscheinlich bessere Möglichkeiten gibt als jene, die man bisher selbst vorgeschlagen oder vertreten hat. Das verlangt vom einzelnen das fallweise schmerzhafte Eingeständnis, nicht allwissend oder unfehlbar zu sein. Es verlangt ferner das Eingeständnis, daß man bestimmte Dinge hätte besser tun können. Stolz, Egoismus oder Karriereängste verhindern jedoch sehr häufig derartige Eingeständnisse, die im Grunde genommen nur vernünftig wären.

- ☐ Technische Verbesserungen sind objektiv und einsichtig über das Phänomen «Fortschritt» erklärbar. Verbesserungen in der Arbeitsweise oder im Kooperationsverhalten hingegen müssen aus der subjektiven Wahrnehmung bisheriger Unzulänglichkeiten oder Störungen erfolgen. Unsere Fähigkeit zu einer kritischen Selbstwahrnehmung ist jedoch nur sehr schwach ausgeprägt. Wenn wir schon kritisieren, dann konzentrieren wir uns oft alleine auf die Feststellung von Mängeln bei Dritten.
- ☐ Unsere Erfolgs- oder Leistungskriterien bzw. unsere gültigen Entlohnungssysteme sind in der Regel auf den einzelnen Mitarbeiter ausgerichtet. Dies führt mehr oder weniger zwangsläufig zu einer verschleißenden Rivalität zwischen Individuen. Die Gruppe als synergistische Problemlösungseinheit hat noch längst nicht die Bedeutung erlangt, die ihr von ihren Möglichkeiten her zukommt (man denke an die Bearbeitung hochkomplexer, interdisziplinärer Problematiken). Zum großen Teil liegt dies an unserer mangelnden Fähigkeit, effizient in Gruppen zu arbeiten und Gruppen motivierend zu führen. Viele Gremien und Konferenzen werden auf diese Weise ausschließlich zur Stätte des Palavers oder individueller Interessenkonflikte. Andere wiederum dienen nur als beifällige Kulisse für die «Worte des Vorsitzenden».
- ☐ Einzelkarrieren werden mit übertriebenen Mitteln forciert; die Ziele des Unternehmens bleiben häufig beim Kampf um den persönlichen Vorteil oder Aufstieg auf der Strecke.
- ☐ Teamarbeit wird oft als kostspielige und unnütze Plauderei abqualifiziert. Noch zu sehr leitet sich das Image des «produktiven Mitarbeiters» aus der Klausur und dem über den Schreibtisch gebeugten Rücken ab. Hinzu kommt, daß man die Mehrleistung des Teams in einer falschen Relation zur möglichen Einzelleistung sieht. Die Berechtigung bzw. die Befähigung des Teams zur Hervorbringung höherwertiger (Denk-)Ergebnisse wird in Zweifel gezogen. Teamerfolge werden zu wenig gewürdigt – so wie es ohnehin wenig ernsthafte und praxisnahe Bemühungen gibt, das Erfolgsplus gut funktionierender Teams nachzuweisen.

- □ Die Erwartungen gegenüber produktivitätssteigernden Arbeitstechniken für geistig-problemlösende Tätigkeiten sind (oft aus bewußter oder unbewußter Abwehrhaltung heraus) überspannt. Nach dem Motto «Das wußte ich doch gleich, daß dabei nichts rauskommt!» lehnt man neue Problemlösungsverfahren und Vorgehensweisen ab, wenn damit nicht ruck, zuck zumindest das Rad oder die Elektrizität erfunden wird. Leistungssteigerungen im Bereich von 20, 30 oder 40% werden verkannt oder abgetan («Das hätten wir auch so herausgefunden.»).
- □ Materielle Erfolge, die sich in Stückzahlen, Mark oder in Leistungskennzahlen eindeutig messen lassen, erhalten einen ungebührlichen Vorzug vor neuen Ideen oder Lösungen, deren potentiellen Chancen noch nicht sicher nachgewiesen sind. Ebenso dominiert das Geschäft von heute zu stark vor den Geschäften, die man morgen oder übermorgen machen muß.
- □ Es fehlt noch weitgehend an dem Bewußtsein, das Mitarbeiter-Potential zu pflegen, zu entwickeln, in es zu investieren. Ebenso sind sich viele Unternehmen im unklaren darüber, welch gewaltiges Denklabor ihr Personalbestand bei richtiger Aktivierung darstellen kann.

Bei allem darf freilich nicht geleugnet werden, daß insbesondere industrielle Großunternehmen durchaus beträchtliche Aufwendungen für Personalförderung und -entwicklung sowie für die Gestaltung effektiver Arbeitsformen erbringen. Es ist jedoch fraglich, ob im Hinblick auf mehr Produktivität in geistigen Prozessen die gewählten Mittel die denkbar erfolgreichsten sind, denn zu viele der eingeleiteten Maßnahmen versickern mehr oder weniger spurlos. Betrachten wir einige Beispiele:

- □ *Freiwillige Sozialleistungen* erfreuen sich zwar bei den Begünstigten großer Wertschätzung, werden jedoch sehr schnell als Selbstverständlichkeit eingestuft und sind – ebenso wie Gehaltszuwächse – als Motivatoren allenfalls kurzzeitig wirksam. Materielle Ziele haben allgemein an leistungsanreizender Kraft verloren, zumal in vielen Unternehmen Gehalts- und Aufstiegsmodalitäten in behördenähnlichen Schemata zu erstarren beginnen.

- *Reorganisationen* werden zwar in der Regel mit viel Elan und großen Hoffnungen initiiert, aber beinahe ebenso regelmäßig durch den Widerstand der Umorganisierten auf die Ausgangsträgheit des Systems zurückgeführt. Erfahrungsgemäß fühlt sich ein großer Teil der Betroffenen dem Nachweis verpflichtet, daß das neue Organisationskonzept von vorneherein ein totgeborenes Kind war.
- Die steigende Anzahl etablierter *Gremien* ist gewiß ein Ausdruck ehrlichen Bemühens um mehr Partizipation bei der Bearbeitung und Entscheidung von Sachfragen, vermehrt aber leider nur allzuoft den Sand im Getriebe. Das mag sogar weniger an der Institution «Gremium» per se liegen als an den wenig wirksamen Arbeitsweisen, mit denen sich viele Gremien quälen.
- Zunächst positiv erscheinen die Anstrengungen auf dem Gebiet der *Weiterbildung*, die heute bei vielen Unternehmen ein äußerst breites Spektrum von angebotenen Veranstaltungen enthalten und von allgemeinen Management-Themen bis hin zu sehr spezifischen technischen Abhandlungen reichen. Jedoch sind auch hier Unzulänglichkeiten nicht zu übersehen. Viele Weiterbildungsbudgets werden eher nach Gutdünken denn nach klaren Zielkriterien aufgestellt, um dann mit der Gießkanne verteilt zu werden. Bedarfsermittlung und Erfolgskontrolle sind schwierig und delikat. Das dem einzelnen Mitarbeiter zugängliche Maßnahmenpaket ist oft ein Kaleidoskop und kein systematisches Förderungskonzept. Extern gemachte Einzelerfahrungen verpuffen im Übertragungsversuch auf nicht informierte Kollegen. Die meisten Veranstaltungen sind viel zu knapp, um dauerhafte Lernprozesse zu ermöglichen oder um erwünschte Verhaltensänderungen zu festigen. Hinzu kommt generell ein strukturelles Ungleichgewicht: Größere Unternehmen sind im Durchschnitt entschieden freizügiger mit Weiterbildungsangeboten als mittlere und kleine.

Fassen wir die bisherigen Aussagen zusammen: Unternehmen aller Branchen und Größen werden in Zukunft wesentlich härter daran gemessen werden, inwieweit es ihnen gelingt, neue Lösungen unterschiedlichster Art zu entwerfen und zu realisieren. Mehr als bisher und in zunehmendem Maße wird die Fähigkeit gefordert, innovative Problemlösungen erfolgreich hervorzubringen und durchzusetzen.

Kein Unternehmen braucht vor diesen Anforderungen zu kapitulieren, sofern es Wege findet, die in den Mitarbeitern vorhandenen Problemlösungsreserven und kreativen Potentiale freizusetzen.

Hierzu einen Beitrag zu leisten ist der Zweck der nachfolgend behandelten Methoden und Maßnahmen.

Kapitel 1

INNOVATIONSPROZESSE IN UNTERNEHMEN

Anforderungen der Prozeßphasen

Allgemein bedeutet «Innovation» die Einführung und praktische Nutzung einer Neuerung, unabhängig davon, ob ein technischer oder nichttechnischer (z.B. eine neue Verkaufsstrategie) Sachverhalt der Gegenstand der Innovation ist.

Auch wenn es im praktischen Vorgehen wegen der Komplexität der zu behandelnden Projekte nicht immer so klar erkennbar wird, läßt sich der Ablauf eines Innovationsprozesses in formale Phasen unterschiedlicher Anforderungen und Schwierigkeiten idealtypisch aufgliedern (Bild 1.1 [1]).

Zu diesen Phasen einige kurze Erläuterungen:

Phase 1: Problemerkennung; Wahrnehmung von Chancen und Möglichkeiten

Jeder Innovationsprozeß braucht einen Anstoß – Phase 1 ist also die Initialphase aller Innovationsprozesse.

Um erforderliche Innovationen oder innovativ umsetzbare Chancen nicht zu «verschlafen», sollte jedes Unternehmen bewußt, kritisch und aufmerksam alle Trends, Entwicklungen oder Strukturveränderungen in seinen relevanten Umweltbereichen verfolgen, analysieren und im Hinblick auf die eigenen Interessenlagen interpretieren. Besonders häufige Anlässe für Innovationen ergeben sich aus technologischen Fortschritten und Bedarfsveränderungen, jedoch z.B. auch aus dem Verhalten wichtiger Wettbewerber, aus Gesetzes- und Vorschriftenänderungen, Rohstoffverknappungen usw. und natürlich ebenso aus den Ergebnissen eigener Forschungs- und Entwicklungsarbeiten sowie aus den derzeitigen Absatzbeziehungen.

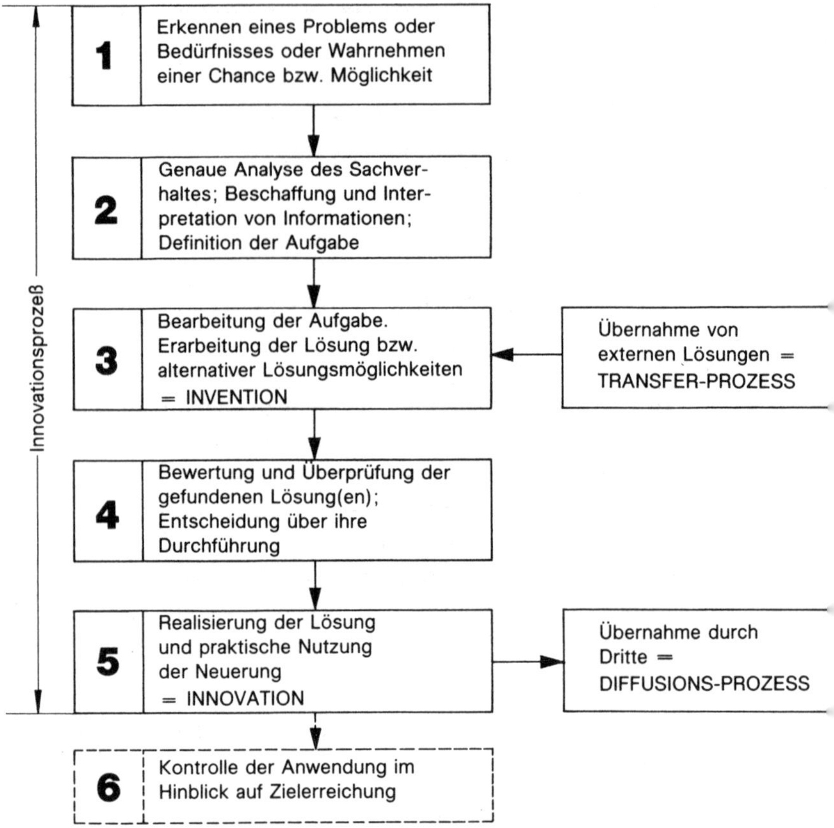

Bild 1.1 Phasenablauf von Innovationsprozessen

Sich innovativ zu verhalten bedeutet zuallererst, nach außen wie auch nach innen offen für Informationen jeder Art zu sein, um wesentliche zukünftige Entwicklungen zu erfassen und in den technischen, organisatorischen und sozialen Planungen zu berücksichtigen.

Nicht wenige Unternehmen messen dieser Aufgabe so große Bedeutung zu, daß zu deren Erfüllung spezielle Stellen geschaffen wurden. Diese Stelleninhaber, manchmal «problem-scouts» genannt, sind zuweilen vollamtlich damit beschäftigt, Chancen für unternehmenseigene Innovationen aufzuspüren. Sie begünstigen damit die Voraussetzungen für «aktives Innovieren», um sich so Vorsprung vor den «passiv Innovierenden» zu sichern, die sich überwiegend erst aus Konkurrenzgründen zum Nachziehen entschließen – oder entschließen müssen.

(Inhalte und methodische Fragen zu dieser Phase behandelt der Autor ausführlicher in seinem Werk «Produktinnovation», das 1988 ebenfalls in der Reihe Management-Wissen erschienen ist [1a]).

Phase 2: Analyse und Definition des Innovationsvorhabens

Es ist in der Praxis des Problemlösens immer wieder zu beobachten, daß die Analysephase eine Schwachstelle im Prozeßverlauf darstellt und häufig nicht in der erforderlichen Angemessenheit durchgeführt wird. Ungenaue oder oberflächliche Analysen führen zu Problem- oder Aufgabenformulierungen, die für das Unternehmen wichtige Zusammenhänge jedoch nicht im wesentlichen Kern abbilden. Dies führt zwangsläufig zu (manchmal sehr schwerwiegenden) Unwirtschaftlichkeiten, indem

- erarbeitete Lösungen am eigentlichen Problem vorbeigehen,
- Irrwege wieder abgebrochen werden müssen, die unnötig Zeit und Geld verzehrten,
- sich innerhalb des Unternehmens konkurrierende Problemauffassungen bilden, die Durchsetzungskonflikte verursachen, oder
- Probleme überhaupt nicht in ihrer tatsächlichen Tragweite und mit allen Auswirkungen auf das Unternehmen erfaßt werden.

Da nicht ohne weiteres an eindeutigen Kriterien gemessen werden kann, «wann man genug über ein Problem weiß», neigt man in der Regel eher zu einer Verknappung des vorgenommenen Analyseaufwandes als zu detaillierten Untersuchungen, insbesondere dann, wenn gewünschte Informationen nicht spontan und «gratis» abgerufen werden können. Blockierend ist ferner der Umstand, daß in Analysephasen selten effiziente und das Sachgebiet insgesamt strukturierende und durchdringende Methoden angewandt, sondern daß Analyseprozesse im Gegenteil sehr oft recht freihändig durchgeführt werden.

Phase 3: Hervorbringung von Lösungen

Diese Phase kann auch «Inventionsphase» genannt werden, denn in ihr werden die Innovationsmöglichkeiten konzeptionell erarbeitet. Zu Unrecht bezeichnet man die Ergebnisse dieser Phase (Inventionen) gelegentlich schon als «Innovationen». Es bedarf jedoch erst der Realisierung (Phase 5), ehe eine «Invention» zur «Innovation» wird.

Je mehr alternative Konzeptionen in der Inventionsphase entworfen werden, um so größer ist natürlich die Wahrscheinlichkeit, daß sich darunter auch besonders gute Möglichkeiten befinden. Um die Ideenvielfalt anzuheben, setzen bereits viele Unternehmen hier die später beschriebenen «Methoden zur Ideenfindung» mit Erfolg ein. Darüber hinaus sollten natürlich alle zugänglichen internen und externen Ideenquellen ausgeschöpft werden. Zunehmend interessanter sind dabei die Hilfen der öffentlichen Innovationsförderung und aller Institutionen des Technologie- bzw. Know-how-Transfers [2].

Phase 4: Auswahl zwischen den Alternativen

Je präziser ein Problem analysiert wurde und je klarer die Zielvorstellungen über die angestrebten Sollzustände sind, desto eindeutiger lassen sich auch die der Lösungsfindung folgenden Bewertungsvorgänge durchführen. Welche allgemeinen Zusammenhänge dabei zwischen Problem, Zielsystem, Lösungsalternativen und Bewertungskriterien bestehen, geht qualitativ aus Bild 1.2 hervor.

Entscheidungen über alternative Lösungen zu Innovationsproblemen finden in der Regel unter einer gewissen Unsicherheit statt, die vom Umfang und der Genauigkeit der Informationen über konkrete Lösungseinzelheiten, wahrscheinliche Folgen einer Lösung, Definition des angestrebten Zieles usw. abhängen.

Der Wunsch nach möglichst umfangreichen Informationen einerseits und die Kosten der Informationsbeschaffung (insbesondere dann, wenn sehr viele Alternativen zu überprüfen sind) andererseits führen zu einem «Bewertungs-Dilemma», das jedoch durch geeignete Bewertungsstrategien und die Auswahl der angewandten Bewertungsverfahren reduziert werden kann.

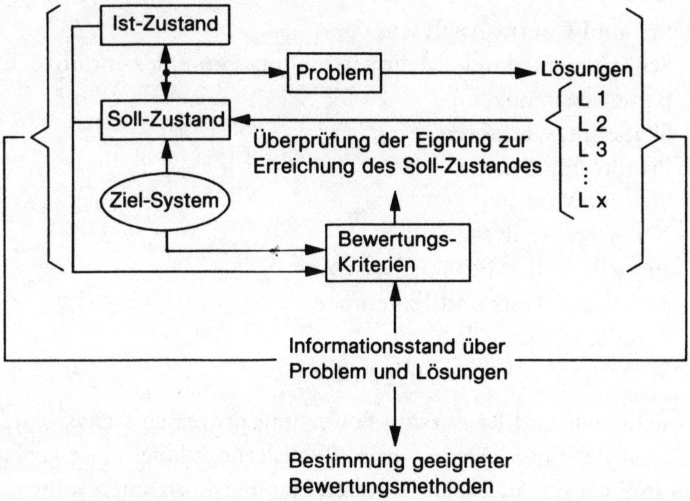

Bild 1.2 Alternativen-Bewertung im Problemlösungszusammenhang

Bei großer Alternativenzahl empfiehlt sich eine mehrstufige Bewertungsstrategie in der Form, daß in den ersten Stufen nur wenige, dafür aber möglichst eindeutige Bewertungskriterien mit starker Selektionswirkung herangezogen werden, daß man die jeweils in der Wahl verbleibenden Alternativen von Stufe zu Stufe weiter ausgestaltet und dann jeweils feiner differenzierende Maßstäbe der Bewertung anlegt. Eine solche Strategie ist also dadurch gekennzeichnet, daß

- die Alternativenmenge stufenweise eingeengt wird und dabei fortschreitend
- die verbleibenden Lösungen weiter konkretisiert werden,
- zunehmend mehr und feinere Bewertungskriterien herangezogen werden, d.h.
- der Bewertungsaufwand pro Idee ansteigt, und dabei
- qualitative Bewertungsaussagen durch möglichst quantitative ergänzt werden.

In der aufgezeigten Reihenfolge bieten sich u.a. folgende Bewertungsverfahren an:

- Klassenbildungen, z.B. «ABC-Analysen»,

- Pro-und-Contra-Analysen,
- Schätzungen durch Mehrheitsbildung (komplex-intuitive Expertenschätzungen),
- Skalierungsverfahren,
- Profiltechniken,
- Scoring-Modelle,
- Nutzwert-Analysen,
- spezielle, z.B. Marktanalysen,
- praktische Tests und Experimente,
- Simulationsmodelle,
- Wirtschaftlichkeitsrechnungen.

Unsicherheit und Risiko von Bewertungsprozessen steigen natürlich mit der Entwicklungs- bzw. Realisierungsdauer einer geplanten Innovation an. Bei entfernteren Planungshorizonten sollte sich der Entscheidungsprozeß deshalb flankierend auf Aussagen über wahrscheinliche Entwicklungen abstützen, wobei unterschiedliche Vorhersage-Verfahren (z.B. Trend- oder Regressionsanalysen, Time-lag-Analysen, Zyklus-Analysen, Delphi-Prognose, Szenario-Technik) eingesetzt werden können.

Phase 5: Realisierung

Abhängig von Umfang und Gegenstand der Innovation verlaufen Realisierungsprozesse im Einzelfall so unterschiedlich, daß nur wenig generelle Empfehlungen zur Durchführung abgegeben werden können. Wichtig erscheinen jedoch folgende Hinweise:

- Im Rahmen eines Innovationsprozesses sollte das Realisierungsmanagement eher straff und mit klaren Termin-, Budget- und Kompetenzvorgaben erfolgen – während in der Phase der Lösungsfindung eher aufgelockerte Kooperationsstrukturen, offene Kommunikation, unscharfe Funktionsabgrenzungen und geringer Regelungsgrad förderlich sind [3].
- Alle von der Innovation betroffenen Bereiche sind zu erfassen und in die Realisierungsplanung einzubeziehen, d.h. in die
  - Entwicklungsplanung,
  - Herstellungsplanung,
  - Personalplanung,

  - Organisationsplanung,
  - Beschaffungsplanung,
  - Marketingplanung usw.
- Auf die verfügbaren Planungsmethoden und -darstellungshilfen ist zurückzugreifen, wie
  - mathematische Entscheidungsmodelle der Verfahrensforschung (Operations Research),
  - Netzplantechniken,
  - Balken- und Blockdiagramme,
  - System- und Ablaufdarstellungen,
  - Check-Listen usw.
- Die zugänglichen externen bzw. öffentlichen Realisierungshilfen sachlicher und finanzieller Art sind nach den vorhandenen Möglichkeiten auszuschöpfen.

Phase 6: Kontrolle der Anwendung

Im eigentlichen Sinne sind Innovationsprozesse mit der Absolvierung der Phase 5 abgeschlossen. Die Folgenphase gilt der technischen, wirtschaftlichen o.a. Kontrolle, ob alle gesetzten Ziele nach Art und Umfang erreicht werden konnten. Festgestellte Zielabweichungen müssen in den Ursachen erkannt und durch Korrekturmaßnahmen beseitigt werden oder leiten rückkoppelnd in die Phase 1 weitere Innovationsprozesse ein.

Das später aufgezeigte und diskutierte Instrumentarium zur Ideenfindung kann innerhalb dieser Phasen nicht in gleich nützlicher Weise angewandt werden. Einsatzschwerpunkt ist – wie schon erwähnt – die Phase 3, die Generierung von Lösungsansätzen. Bild 3.1 weist aus, daß bestimmte Methoden jedoch auch in der Phase 2 – Problemanalyse – vorteilhaft zum Einsatz kommen können, ebenso in der Phase der Problemerkennung und Chancenfindung (vgl. S. 150).

Für Bewertungs- und Entscheidungsprozesse (Phase 4) sind Methoden zur Ideenfindung nicht geeignet.

Schwachstellen im Innovationsprozeß

Zwar setzen gewisse (meist technische) Innovationen zur erfolgreichen Durchführung eine bestimmte «kritische Masse» an Know-how, Einrichtungen und finanziellen Mitteln voraus (z.B. Chemie-Forschung, Entwicklung von Mikroprozessoren, Fahrzeugherstellung), es ist jedoch keineswegs der Fall, daß die optimalen Voraussetzungen für Innovationsaktivitäten ausschließlich bei Großunternehmen liegen. Dies wird alleine durch die – im Verhältnis zu den F&E-Aufwendungen – signifikant höhere Zahl an Erfindungen in kleinen und mittleren Unternehmen belegt [4].

Gewiß können Großunternehmen
- Spezialisierungsvorteile besser nutzen,
- intern mehr interdisziplinäres Wissen abrufen,
- anfallende Kenntnisse umfangreicher und vielfältiger verwerten,
- eher die finanziellen Mittel für Realisierungsinvestitionen bereitstellen oder
- Innovationsrisiken verteilen,

aber auch kleine und mittlere Unternehmen weisen für Innovationen Strukturvorteile auf, die nicht unterschätzt werden dürfen:
- Sie können technologische und Marktlücken besetzen, die im Hinblick auf Kapazitätsauslastungsbedürfnisse von Großunternehmen nicht ausgefüllt werden können.
- Informations- und Kommunikationsprozesse zwischen allen Funktionsbereichen können rascher, flexibler und informeller ablaufen. Daraus folgt auch die Fähigkeit zu unverzögerten Entscheidungen.
- Die Organisation ist anpassungsfähiger, die Verwaltungsaufwände sind relativ geringer.
- Reagibilität und Anpassungsfähigkeit sind dynamischer.

Daß die mittleren und kleinen Unternehmen diese Strukturvorteile häufig dennoch nicht in Innovationsvorhaben umsetzen, liegt nach einer im Jahre 1979 durchgeführten empirischen Untersuchung [5] – die Ergebnisse dürften bis heute wenig an Gültigkeit verloren haben – überwiegend an folgenden typischen Schwachstellen:

☐ *Mängel im Informationswesen*
Nur etwa 45 % der innovationsbezogenen Informationen werden gespeichert, nur 40 % systematisch ausgewertet. Im übrigen gehen die Informationen wieder verloren. Wichtige Informationen fehlen vor allem zur Phase 4 – Auswahlphase – des Innovationsprozesses.

☐ *Planungsmängel*
Es besteht ein Defizit an Kenntnis und Anwendung von Planungstechniken und Projekt-Bewertungsverfahren.

☐ *Organisationsmängel*
Diese offenbaren sich vor allem bei der Organisation der Suche nach neuen Ideen (Phase 3) und bei der Realisierung von Innovationsprojekten. «Das Arbeiten mit Kreativitätstechniken ist weitgehend unbekannt, obwohl der Einsatz dieser Methoden erfahrungsgemäß zahlreiche Ideen hervorbringt und die Aussichten auf gute Problemlösungen mit wachsender Anzahl zunehmen» [9]. Ferner werden die internen potentiellen Ideenlieferanten aus allen betrieblichen Funktionsbereichen nicht konsequent und kooperativ genug in die Ideensuche eingeschaltet.

☐ *Mängel in Personalwesen und Führung*
Aus der Sicht der Führungskräfte beruhen diese Mängel überwiegend auf zu geringer Personalkapazität, zu hohen Personalkosten und auf zu praxisferner Ausbildung der Mitarbeiter. Die Mitarbeiter selbst beklagen sich über fehlende Motivationsversuche der Geschäftsleitungen, wobei die Motivation über finanzielle Anreize keinesfalls im Mittelpunkt der Wünsche steht [6].

☐ *Mängel an Innovationshilfen*
Über die Hälfte aller untersuchten Unternehmen hatten gravierende Informationslücken im Hinblick auf die finanziellen und nichtfinanziellen öffentlichen Innovationshilfen. Andere scheuten das aufwendige und bürokratische Verfahren der Antragstellung und -bewilligung.

Zumeist sind es jedoch weniger die strukturellen Gegebenheiten und die wirtschaftlichen Rahmenbedingungen, die als quasi gottgegebene Faktoren das mögliche Maß erfolgreicher Innovationen vorbestimmen. Sehr viel mehr – und es ist durchaus verständlich, daß man dies nicht immer eingestehen möchte – wird das Innovationsgeschehen durch Einstellungen, Auffassungen, Motivlagen und andere einzel- und sozialpsychologisch bedingte Verhaltensweisen der Beteiligten geprägt. Dazu gehören

□ *beharrende Denkstrukturen.*

Jeder Mensch hat ein individuelles Steuerungssystem der Informationsverarbeitung, das als «kognitive Struktur» bezeichnet werden kann und die Breite und Tiefe der aufgenommenen und im Verhalten berücksichtigten Informationen bestimmt. «Hochstrukturierte» Menschen denken sehr differenziert, bauen ihr Urteil reflektierend auf sehr vielen unterschiedlichen Informationen auf, sind aufgeschlossen gegenüber neuem Wissen und erwägen eine Vielzahl von Alternativen. Andererseits äußern sich «Closed-Mindedness» und Egozentrismus im Verhaftetsein des Denkens an unmittelbare Erfahrungen und vergangenes Erlebtes, in geringer Denkbreite, Widerstand gegen den Wechsel von Standpunkten und gegen neue Einsichtnahme oder in einem Ausweichen vor Alternativen und vor ungewohnten (weil nicht selbst erfahrenen oder erlebten) Denkinhalten.

Es wird deutlich, daß sich Menschen auf unteren Stufen der Strukturiertheit in polarem Gegensatz zu Innovationsbereitschaft und -fähigkeit befinden. Mit ihrer Neigung zu Schwarzweiß-Seherei, vorgefaßten Meinungen, einseitigen Wertungen und vergangenheits- wie ichbestimmten Denkschemata erschweren sie sich selbst und anderen den Zugang zu notwendigem und sinnvollem Neuen. Solche persönlichen, im Sinne des Wortes «engstirnigen» Dispositionen werden vollends zu Innovationsblockaden, wenn sie sich mit sozialen Ängsten überlagern. Bei Innovationen äußern sich solche Ängste beispielsweise in Befürchtungen vor Statusverlust (Expertenstatus, Führungsstatus, sonstiger Rollenstatus) oder vor materiellen Verlusten, d.h. in übertriebenem Sicherheitsdenken und in der Beharrung auf dem Status quo.

Ein gezieltes Eingreifen in die skizzierten Zusammenhänge wird jedoch dadurch außerordentlich erschwert, daß die wirkenden Mechanismen von den Betroffenen häufig bewußt gar nicht wahrgenommen werden. Wie geartet das Weltbild eines Menschen auch immer sein mag – sein Träger wird primär von der Einstellung ausgehen, daß es das richtige sei. Ängste und Interessen verbergen sich oft bis zur Unkenntlichkeit unter den aufrichtigen Auffassungen, nur der Sache zu dienen, vor Gefahren zu warnen, Unrichtiges und Denkfehler («Aber das geht doch nicht, weil ...») zu entlarven.

Wir alle kennen das «Not-invented-here»-Syndrom: Hochinnovative Ideen scheitern am Ablehnungsverhalten der für die Durchsetzung geeigneten oder berufenen Funktionsträger. Handeln diese Funktionsträger bewußt gegen besseres Wissen und Gewissen? Wohl nur in den seltensten Fällen. Gemessen an ihrer Einsichtsfähigkeit, an ihrem Wissen-Ängste-Interessen-Profil handeln sie subjektiv richtig. Hier Änderungen einzuleiten heißt also primär, neue Sichtweisen zu öffnen, differenziertes Denken anzuregen, soziale Ängste abzubauen und Interessen zu harmonisieren.

□ *Furcht vor Änderungen*

Die bereits angesprochenen Konflikte werden deutlicher, wenn wir daran denken, daß im Unternehmen stets nur wenige Personen Innovationen auslösen und durchsetzen wollen (die «aktiv» Innovierenden, die «Change-Agents»), eine Mehrzahl jedoch von den Änderungen und deren Auswirkungen betroffen sind (die «passiv» Innovierenden, das «Client-System»). Und die meisten der Betroffenen werden Innovationsvorhaben stets zuerst mit der Fragestellung begegnen, welche Folgen aus einer Innovation zu erwarten und ob diese – gemessen an den eigenen Bedürfnissen und Interessen – positiv oder negativ zu bewerten sind. In den Maslowschen Bedürfniskategorien ausgedrückt, können so als gefährdet erscheinen die

- physiologischen Bedürfnisse durch gesteigerte Anforderungen, Mühen und Lernnotwendigkeiten am Arbeitsplatz,
- Sicherheitsbedürfnisse durch die Aussicht auf Arbeitsplatz- oder Einkommensverlust,
- sozialen Bedürfnisse durch die Umsetzung in andere Arbeitsumgebungen,

- Bedürfnisse nach Wertschätzung durch befürchtete Status- und Prestigeverluste,
- Bedürfnisse nach Selbstverwirklichung, zum Beispiel durch Einschränkung von Initiativmöglichkeiten oder von Verantwortungsspielräumen.

Es ist geradezu zwingend, daß die Betroffenen zu einem mehr innovationshindernden Verhalten neigen, je intensiver die Bedürfnisgefährdung einer Innovation *erscheint* oder tatsächlich ist. Für den aktiv Innovierenden folgen daraus unter anderem die Kernfragen:

- Wie sind Innovationen inhaltlich zu gestalten, um den Interessen der Betroffenen und dem Gesamtinteresse möglichst gerecht zu werden?
- Nach welcher Informationspolitik gehen wir vor?
- Welche Unterstützungen können wir den passiv Innovierenden anbieten?
- Wie können wir im Sinne des Innovationszieles positiv auf das Verhalten widerstehender Betroffener einwirken?

□ *Hierarchische Kopplung der Akzeptanz von Fähigkeiten*

Wissenschaftliche Untersuchungen und verbreitete praktische Erfahrungen bestätigen immer wieder, wie eng die Durchsetzung von Innovationen an Machtbefugnisse, Sachkompetenz und Kommunikationsfähigkeit gebunden ist. Zwar sind hierarchische und Fachkompetenz als Schubkraft für Innovationsprozesse unerläßlich, die inhaltliche Qualität von Innovationen kann jedoch durch die gesellschaftlich verbreitete und weitgehend anerkannte oder gar tabuisierte Auffassung beeinträchtigt werden, daß Problemlösungs- und Urteilsfähigkeit eines Menschen automatisch und synchron mit seinem titulären, hierarchischen oder finanziellen Aufstieg wachse. Der Professor sticht den Doktor, dieser den Diplomierten, dieser den Graduierten. Der Vorstand hat vor dem Direktor recht, der vor dem Hauptabteilungsleiter und so weiter nach unten.

Keine Frage: Wer den Kopf hinhalten muß, dessen Ermessen sollte auch mehr Gewicht gegeben werden. Doch darum geht es gar nicht so sehr. Es geht allgemein um die Würdigung und Akzeptanz von Wissen und Meinungen in Abhängigkeit von der gesellschaftlichen Stufe ihrer Quelle. Ein und dieselbe Idee kann sowohl Tinnef wie auch Verkündung sein – je nachdem, welchen Mund sie verlassen hat.

Korreliert jedoch die erachtete Beitragsfähigkeit zu Innovationen ausschließlich mit Rang und Namen, dann verliert das Unternehmen die Leistungskraft eines koordinierten, integrierten Organismus. Es koppelt zwangsläufig kreative Fähigkeiten aus, die zu seiner Erhaltung und zu seinem Wachstum beitragen könnten. Wer wenig Gehör, Anerkennung und Recht bekommt, wird um so kompromißloser seine – sei sie auch noch so bescheidene – Machtfülle demonstrieren, wann immer dies möglich ist. Kästchendenken, Formalismus und Prinzipienreiterei prägen dann das Verhalten.

Mangelnde Wertschätzung und Kooperationsmöglichkeit provozieren das Empfinden, überflüssig zu sein, und veranlassen zu Eigenleben, zu «innerer Kündigung» oder den Wunsch nach Wachstum, das nicht mehr dem Ganzen dient, sondern nur noch nach Bedeutung aus der eigenen Größe strebt.

☐ *Genüge mit dem Mittelmaß*

In den ersten dreißig Nachkriegsjahren erlebten wir eine wirtschaftliche Entwicklung, für die – in dieser kurzen Spanne – geschichtlich kein zweites Beispiel gefunden werden dürfte. Mit berechtigtem Stolz konnte auf Leistungen verwiesen werden, die unser Land zu einem Musterland unter den Industrienationen werden ließen. Wir waren wieder wer, und Zuwächse waren Selbstverständlichkeit. Ob nach außen oder innen: Es ließ sich leicht aus vollen Töpfen verteilen. Wohlstand und soziale Sicherheit schienen auf ewige Zeiten garantiert. Doch Überfluß hat ein tückisches Gefolge aus Überheblichkeit und Großmannssucht, Bequemlichkeit, Maßlosigkeit und Anspruchsdenken. Nur Narren jedoch können das Wunder erhoffen, daß Mittelmaß und Selbstzufriedenheit weiterhin Wohlstand und Sicherheit verbürgen oder daß weniger Arbeit und Anstrengung zu mehr Einkommen führen werden. Und wir dürfen uns nicht der Illusion hingeben, auf

Dauer die Verantwortung um Wohlergehen nur auf die Schultern einiger weniger laden zu können. Unsere Arbeitswelt ist heute durchdrungen von einer Fülle von «Human Relations-», «Kooperations-», «Mitbestimmungs-», «Führungs-», «Organization Development-» und anderen Modellen. Nichts gegen solche Modelle, solange sie auf die Beseitigung menschenunwürdiger Zustände oder auf die Schaffung von Bedingungen zielen, die mehr Leistungsentfaltung ermöglichen. Wird ein Modell jedoch zum Alibi, das hinter den Tabus «human» und «sozial» lediglich verfolgt, Leistungsbewußtsein abzubauen, dann sollten und müssen wir diesem sehr kritisch begegnen. Sanktioniertes Mittelmaß und Versorgungsgarantien sind Todfeinde von Innovation und Kreativität.

Es stimmt optimistisch, in jüngster Zeit von der steigenden Zahl der Gründungen technologieorientierter Unternehmen zu erfahren. Wir bedürfen dringend dieser Dynamik von Pionieren, die mit Einsatz, Mut und Risiko die Arbeitsplätze der nachfolgenden Generationen schaffen. Doch darüber hinaus sollte unternehmerisches Denken und Selbstverantwortung für den eigenen Arbeitsplatz intensiver auch die tieferen Hierarchien der etablierten Unternehmen durchdringen. Noch scheint die klassische soziologische Trennung zwischen «Besitzenden» und «Abhängigen» eine unüberwindliche Barriere vor diesem Ziel. Aber vielleicht gelingt es uns, hierzu neue Einstellungen und Sichtweisen zu gewinnen, die mehr als jetzt zu unternehmerischen Identifikationen mit den eigenen Arbeitsinhalten führen.

☐ *Priorität der Tagesgeschäfte*

Das von LAURENCE J. PETER postulierte und nach ihm benannte Peter-Prinzip – man wird so lange befördert, bis man die Stufe seiner Inkompetenz erreicht hat – ist ein satirisches «Fundamentalgesetz», das – bei aller witzigen Eleganz der Herleitung – wohl doch nur in Einzelfällen gilt. Ohne hochqualifiziertes Management könnte unsere Wirtschaft niemals das sein, was sie ist. Topmanager zu sein bedeutet jedoch im Umkehrschluß nicht zwangsläufig, stets und in allen Belangen das Richtige zu tun. Ob man das vor sich und anderen zugeben möchte (K. HUBBARD:

Furchtbar viele Menschen verwechseln schlechte Führung mit Schicksal), sei dahingestellt. Unbestreitbare Tatsache ist, daß die Analysen unternehmerischer Mißerfolge recht häufig Managementfehler als Verursacher aufzeigen.

Nun muß man sich im klaren darüber sein, daß Managementfehler so lange nicht vermeidbar sind, als Menschen nicht über Allwissenheit und prophetische Gaben verfügen. Innovationsentscheidungen müssen in einer äußerst komplexen Welt getroffen werden, deren Fülle von Verknüpfungen nicht ganzheitlich und mit modellhafter Sicherheit zu erfassen sind; ebenso wirken sie in eine Zukunft hinein, die oft nur sehr vage vorhersehbar ist. Wer kann schon mit Garantieanspruch prognostizieren, mit welchen Ergebnissen Tarifverhandlungen oder EG-Konferenzen enden werden, welche Erfindungen im nächsten Jahr gemacht werden oder wie sich Währungsverhältnisse entwickeln werden? Keiner kann das. In die Zukunft gerichtete Entscheidungen – und die meisten Innovationsvorhaben greifen der Gegenwart mehrere Jahre voraus – werden stets und zwangsläufig mit einem gewissen Risiko verbunden sein.

Gerade wegen dieser besonderen Problematiken wird es jedoch besonders wichtig, sich mit möglichen Entwicklungen des Umfeldes zu beschäftigen. Daher erstaunt es, mit welcher Dominanz dem Tagesgeschäft Priorität vor Unternehmens- und Innovations*planung* eingeräumt wird. Zu viele Führungskräfte gerade in mittleren und kleineren Unternehmen verschleißen sich an Routinen und delegierbaren Tagesaktivitäten und bekommen so den Kopf nicht mehr frei für in die Zukunft gerichtete Führungsaufgaben.

Es verwundert nicht, daß unter solchem weitgehenden Absorbiertwerden durch die Tagesprobleme das Innovationsgeschehen im Unternehmen an Stellenwert verliert und «nebenbei mit der linken Hand» betrieben werden soll. Man kann immer wieder beobachten, wie unter solchen Bedingungen selbst bescheidene Innovationsprojekte verschleppt werden und die beauftragten Mitarbeiter frustriert resignieren, weil der zeitliche und budgetäre Durchführungsrahmen gründliche Projektarbeit verhindert.

□ *Vorgehen ohne Methode*

Ein weiteres erstaunliches Phänomen bietet sich bezüglich der bei Innovationsprozessen angewandten Methoden. Obwohl die Zahl der heute verfügbaren Problemlösungsmethoden in die Tausende geht, mußte SCHELKER feststellen, daß bei Innovationsprozessen von 100 Unternehmen

- Analyse und Prognose etwa 65,
- Ideenfindung fast 90,
- Grobselektion 75,
- Detailbewertung 45,
- Entscheidungen zur Einführung 30,
- Projektplanung und Überwachung über 40

regelmäßig *ohne* spezifische Methoden betreiben [6a].

Man möchte diese Zahlen kaum glauben angesichts der Schwemme an Methodenliteratur (die ja offensichtlich Käufer findet) und der Fülle von externen und internen Seminaren, die bestimmt nicht alle vor leeren Bänken stattfinden. Es ist tatsächlich ein Paradoxon. Wir jagen permanent neuen und neuesten Methoden nach und vergessen darüber, die bekannten tauglichen Instrumente anzuwenden.

Gewiß geht die Methodenentwicklung nicht immer glückliche Wege, und so mancher Unfug wird unter mystifiziertem Kunstnamen als alleinseligmachende Strategie angepriesen. Da darf es nicht verwundern, wenn Praktiker mit Methodenverdruß reagieren. Nach SCHELKERS Erkenntnissen zeigt sich in der Problemlösungspraxis, daß

- einfache, aber effiziente Verfahren nicht nur häufig, sondern auch mit gutem Erfolg angewendet werden,
- hochentwickelte Methoden mit kompliziertem, abstraktem Aufbau selten und nur mit mageren Ergebnissen zum Erfolg kommen; es fehlt in den Unternehmen zu oft an theoretisch versierten Spezialisten, die mit diesen Methoden umgehen könnten,
- mit unnötigen Formalismen und theoretischen Einflechtungen «verwissenschaftlichte» Methoden (zu Recht) als wenig benutzerfreundlich gelten und psychologische Schranken erzeugen,

– Methoden bevorzugt werden, die dem Anwender einen gewissen Spielraum, aktives und selbständiges Denken offenlassen,
– die Anwendungschancen einer Methode sinken, wenn der notwendige Lernprozeß zu ihrer Beherrschung steigt.

Dies sind Erkenntnisse, die sich Methodenschöpfer und -vermittler zu Herzen nehmen sollten. Gerade das letzte Argument sollte aber auch dem Praktiker Anlaß zur selbstkritischen Prüfung sein, ob er eine an und für sich nützliche Innovationstechnik nicht nur vorgeschoben als «spinnerte Theorie» abqualifiziert und ob es im Grunde nicht doch Lernträgheit, Unfähigkeitsängste oder Festhaltenwollen an bequemen Routinen sind, die seine innere Ablehnung verursachen.

Dort unmethodisch zu verfahren, wo Methode sinnvoll möglich wäre, ist eine Dummheit, die nicht immer entschuldbar ist. Leider jedoch bringt der vielerorts tiefe Graben zwischen «Theorie» und «Praxis» auch an und für sich leistungsfähige Methoden in Mißkredit. Wie gerne verweist der «gestandene Praktiker» auf seine Erfolge der Vergangenheit, aufgebaut auf Pike und Common-Sense.

Nichts gegen Beides. Aber veränderte Problemstrukturen bedürfen eben nun einmal veränderter Vorgehensweisen – das heißt, anderer Methoden.

Und die erkennbare Zunahme und stärkere Gewichtung von Innovationsproblematiken sollte ausreichender Anlaß sein, sich mit angemessenen Innovationstechniken intensiver auseinanderzusetzen und die Chancen aus diesem Instrumentarium konsequenter zu nutzen.

Innovationsprozeß und Kreativität

Der Bedarf nach Kreativität

Jedes Unternehmen hat eine Fülle von Aufgaben und Problemen zu bewältigen, die sich vereinfacht zwei Kategorien zuordnen lassen:

Es sind zum einen Probleme, für deren Lösung sichere, eindeutige, zwingend zum Ziel führende Vorgehensweisen zur Verfügung stehen oder allgemein bekannt sind. Diese Probleme können logisch und konsequent gelöst werden. Im Problem oder Aufgabenbereich gibt es keine Wissenslücke; alle Zusammenhänge sind transparent und bestimmt. Diese *wohlstrukturierten Probleme* sind eigentlich keine «Probleme» im engeren Sinn – eher Aufgaben. Wir könnten sie als Routine-Probleme bezeichnen.

Zum anderen wird das Unternehmen mit Problemen konfrontiert, die man alleine mit logischen Mitteln nicht bewältigen kann. Aus der Problemsituation selbst lassen sich keine eindeutigen Schlüsse ziehen, die zu der den Umständen entsprechenden optimalen Lösung führen würden. Neue Antworten werden benötigt, die dem Bearbeiter eine originäre, schöpferische Lösungsfähigkeit abverlangen.

Solche Probleme, die nicht ausschließlich mit Routine und Logik oder Intelligenz gelöst werden können, bezeichnet man auch als *schlechtstrukturierte* Probleme. Alle Innovationsprobleme zählen zu dieser Kategorie.

In Bild 1.3 sind die unterschiedlichen Merkmale wohl- und schlechtstrukturierter Probleme einander gegenübergestellt.

Die Struktureigenschaften von Innovationsproblemen ziehen dem rein intelligenten Denken eindeutige Grenzen und setzen beim Problemlöser eine zusätzliche Fähigkeit voraus: Kreativität. Folglich wird ein Unternehmen um so erfolgreicher Innovationsprozesse initiieren und absolvieren können, je besser es ihm gelingt, die in den Mitarbeitern vorhandenen kreativen Potentiale zu wecken und zu nutzen.

Obwohl man den Begriff Kreativität heute sehr viel selbstverständlicher aus den einst alleine angestammten Bereichen der Kunst auf alle Gebiete menschlicher Leistung – insbesondere der indu-

Wohlstrukturierte Probleme	*Schlechtstrukturierte Probleme*
– Völlige Kenntnis über alle Problemelemente – Problemelemente stehen in gesetzmäßigen Zusammenhängen – Der Problemlösungsprozeß ist sicher, zwingend, systematisch, logisch – In der Regel ist nur eine richtige Lösung denkbar – Die Lösung kann als Optimum oder Maximum nachgewiesen werden	– Nicht alle Problemelemente sind bekannt – Wenig oder keine Gesetzmäßigkeiten erkennbar – Die Suche nach Lösungen ist eher ungerichtet, intuitiv, zufallhaft – Viele alternative Lösungen sind möglich – Die optimale Lösung ist nicht eindeutig bestimmbar. Es läßt sich nur die relativ beste unter den gefundenen Lösungen ermitteln
Beispiele: – Berechnung des Wirkungsgrades einer Maschine – Ermittlung der Statik eines Gebäudes – Dimensionierung eines Überseekabels – Hochrechnung einer statistischen Erhebung	*Beispiele:* – Suche nach Ersatzlösungen für das Reserverad – Entwurf eines Kongreßzentrums – Entwicklung neuer Verfahren zur Metallbeschichtung – Konzeption verkaufsfördernder Maßnahmen

Bild 1.3 Merkmale und Beispiele wohl- und schlechtstrukturierter Probleme

striellen Leistung – überträgt, haftet ihm gleichwohl verbreitet noch eine mystische Aura an, etwas Unerklärbares, Geniehaftes, Geheimnisvolles. Aus diesem Grund soll zunächst versucht werden, den über dem Phänomen Kreativität liegenden Schleier etwas anzuheben.

Die wissenschaftliche Heimat aller Kreativitätstheorien ist die Psychologie – und da die Gegenstände der Geisteswissenschaften sich einer objektiv eindeutigen Beschreibung häufig entziehen, darf es nicht verwundern, daß die Literatur eine ganze Reihe unterschiedlicher Erklärungsversuche und Definitionen zum Begriff Kreativität anbietet. Viel Übereinstimmung hat eine sehr umfassende Begriffsdefinition des Autors Drevdahl [7] gefunden, die übersetzt etwa lautet:

Kreativität

ist die Fähigkeit von Menschen, Kompositionen, Produkte oder Ideen gleich welcher Art hervorzubringen, die in wesentlichen Merkmalen neu sind und dem Schöpfer vorher unbekannt waren. Sie kann in vorstellungshaftem Denken bestehen oder in der Zusammenfügung von Gedanken, wobei das Ergebnis mehr als eine reine Aufsummierung des bereits Bekannten darstellt. Kreativität kann das Bilden neuer Muster und Kombinationen aus Erfahrungswissen einschließen und die Übertragung bekannter Zusammenhänge auf neue Situationen ebenso wie die Entdeckung neuer Beziehungen. Das kreative Ergebnis muß nützlich und zielgerichtet sein und darf nicht in reiner Phantasie bestehen – obwohl es nicht unbedingt sofort praktisch angewendet zu werden braucht oder perfekt und vollständig sein muß. Es kann jede Form des künstlerischen oder wissenschaftlichen Schaffens betreffen oder prozeßhafter oder methodischer Natur sein.

Zwar wird Kreativität häufig überwiegend als Erfindungs- oder Gestaltungsfähigkeit angesehen (und dies ist sicherlich auch ein sehr bedeutsames Element). Wenn man Drevdahls Definition überliest, wird jedoch offenkundig, daß Kreativität nicht nur in der Inventionsphase eines Innovationsprozesses notwendig, sondern in allen Phasen als wertvolle Fähigkeit zu betrachten ist. So kann das kreative Entdecken neuer Beziehungen das auslösende Moment für ein Innovationsvorhaben sein, und diese Fähigkeit mag ebenso fruchtbar in die Analysephase hineinwirken. Kreatives Denken ist ferner in der Bewertungsphase der Innovation notwendige Voraussetzung, um zum Beispiel die Nützlichkeit einer Lösung durch ein umfassendes Bild der (neuen) Anwendungsmöglichkeiten abschätzen zu können, um deren positiven Auswirkungen zu erkennen und die ihr inhärenten Chancen und Möglichkeiten. Nicht selten wurden erfolgversprechende Innovationsvorhaben nur deshalb abgeblockt, weil es den Entscheidungsinstanzen an kreativer Voraussicht für den Nutzen der Innovation fehlte.

Erkenntnisse zum Phänomen Kreativität

Die systematische Erforschung des Phänomens Kreativität auf breiter wissenschaftlicher Ebene ist zwar erst wenige Jahrzehnte alt, hat aber bereits zu einer Reihe stark beachteter Ergebnisse geführt. Zu den wichtigsten Erkenntniszielen der Kreativitätsforschung gehören Untersuchungen

- der kreativen Persönlichkeit,
- der Förderung kreativer Fähigkeiten,
- des Ergebnisses kreativen Schaffens,
- des kreativen Prozesses.

Diese vier Gegenstandsbereiche der Kreativitätsforschung sollen nun etwas näher angesprochen werden.

1. Die kreative Persönlichkeit

Die Frage nach der Identifizierung kreativen Talents hat heute ähnliche Bedeutung erlangt wie die Bestimmung intelligenter Leistungsfähigkeiten; so sind beispielsweise schon Unternehmen dazu übergegangen, in die Eignungsprüfungen von Bewerbern für besondere zu vergebende Stellen auch Tests zur Ermittlung der kreativen Potentiale einzubeziehen.

Grundsätzlich bieten sich wenigstens zwei Möglichkeiten an, kreative Persönlichkeiten zu erkennen: einmal über besondere Persönlichkeitsmerkmale, Eigenschaften und Einstellungen, zum anderen über die direkte Messung entfalteter Kreativität in bestimmten Situationen bzw. unter bestimmten Anforderungen.

Beim zuerst erwähnten Weg lassen sich die Merkmale kreativer

Personen sowohl aus denk- und persönlichkeitstheoretischen Ansätzen ableiten wie auch aus einer Gegenüberstellung (Beobachtung und Befragung) signifikant kreativer mit weniger kreativen Personen. Dabei wird beispielsweise unterstellt, daß eine Person als hochkreativ anzusehen ist, wenn sie hervorragende, allgemein anerkannte Leistungen (z.B. gemessen an der Zahl herausgegebener Patente, höchste Wertschätzung in der Kunst usw.) erbracht hat, während die Personen einer Vergleichsgruppe nur unterdurchschnittliche oder durchschnittliche Ergebnisse erzielten.

Eine gute Zusammenfassung solcher Persönlichkeitsmerkmale, die typisch für Kreative sind und größtenteils empirisch bestätigt wurden, liefert Gisela Ulmann [8]. Aus ihren Zitaten vieler Autoren sollen folgende Merkmale kreativer Personen hervorgehoben werden:

- Offene und kritische Haltung gegenüber der Umwelt,
- Loslösung von konventionellen und traditionellen Anschauungen,
- Vorliebe für Neues,
- Fähigkeit, das Wahrnehmungsfeld unter verschiedenen Aspekten zu sehen,
- Fähigkeit, Konflikte aus Wahrnehmungen und Handlungen ertragen zu können,
- Vorliebe für komplexe Situationen und mehrdeutige Stimuli,
- Fähigkeit, ausdauernd an einer Lösung zu arbeiten,
- Zentrierung auf die Lösung einer Aufgabe, nicht auf die Erlangung von Ruhm und Anerkennung,
- energisch, initiativ, erfolgsmotiviert,
- mutig, autonom,
- sozial introvertiert, sich selbst genügend,
- emotional stabil,
- dominant; Neigung zur Aggressivität,
- hohes Verantwortungsgefühl,
- ästhetisch,
- weniger ausgeprägte soziale und religiöse Werthaltungen,
- sensibles und differenziertes Reagieren auf die Umwelt,
- humorvoll.

Natürlich kann man diese (und andere) Merkmale nicht wie eine Checkliste auf sich anwenden und versuchen, aus dem Verhältnis von «trifft zu» und «trifft nicht zu» verläßlich das eigene Kreativitätspotential zu bestimmen. Erstens sind Persönlichkeiten zu komplex, um derart einfach analysiert zu werden, und zweitens muß ein kreativer Mensch nicht notwendigerweise alle diese Eigenschaften auf sich vereinen.

Noch weniger nützlich und sinnvoll ist natürlich der Versuch, durch eine bloße Verhaltensimitation dieser Merkmale kreativ werden zu wollen.

Ganz ohne praktischen Wert ist die Kenntnis dieser Persönlichkeitsmerkmale freilich nicht. Sie gibt uns bei der Begegnung mit unseren Mitmenschen schon gewisse Hinweise auf deren kreative Veranlagung und – was wichtiger ist – Verständnis über ihre Anschauungen, Gewohnheiten und Wünsche bei der Gestaltung ihres unmittelbaren Lebensbereiches. Gerade dieses Verständnis ist eine wichtige Voraussetzung für die Schaffung von Arbeitsbedingungen, die kreative Mitarbeiter in der Entfaltung ihrer Fähigkeiten fördern.

Der zweite Weg zur Identifizierung kreativer Talente geht in Richtung der Faktor-Analyse. Hier wurden verschiedene Ansätze unternommen, die Globalfähigkeit «Intellekt» in abgrenzbare Faktoren zu unterscheiden, deren individuelle Ausprägungsstärken nach geeigneten Verfahren an der Versuchsperson zu messen sind.

Eine hervorragende Position nimmt auf diesem Gebiet das theoretische Modell für die Gesamtstruktur des Verstandes von GUILFORD [10] ein, in dem er 120 Intelligenzfaktoren unterscheidet. Jeder Faktor wird aus der Kombination einer Denkoperation, eines Denkprodukts und eines Denkinhalts aufgebaut und repräsentiert sozusagen eine intellektuelle Anforderung, die das Individuum besser oder schlechter zu bewältigen in der Lage ist.

Für jeden Faktor kann nun eine Testaufgabe entworfen werden, die dessen intellektuelle Anforderung repräsentiert. Die Zusammenfassung entsprechender Tests ergibt dann eine Testbatterie, mit der sich individuelle Intelligenz- oder Kreativitätsquotienten ermitteln lassen.

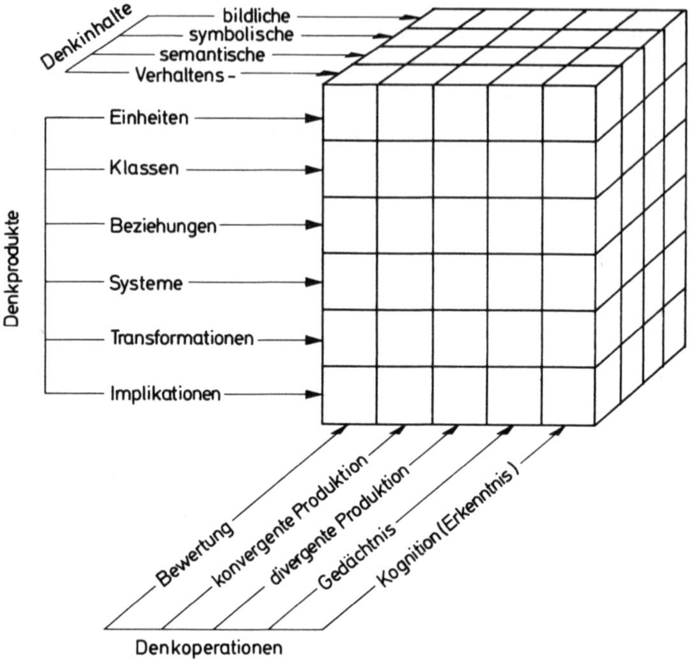

Bild 1.4 Modell für die Gesamtstruktur des Verstandes (nach GULFORD)

Da sich für die Messung der Ausprägungsstärken von Intelligenz und Kreativität keine absolute Vergleichsskala finden läßt, wird bei der Bestimmung der individuellen Werte ein (empirisch ermittelter) Durchschnitt als relatives Maß herangezogen:

$$\text{IQ, CQ} = \frac{\text{individuelles Testergebnis}}{\text{durchschnittliches Testergebnis einer repräsentativen Population}}$$

So bedeutet ein CQ (Kreativitätsquotient) von 125, daß die Testergebnisse der Versuchsperson um 25 % über dem Durchschnitt liegen, ein CQ von 100 entspricht durchschnittlicher Kreativität usw.

Man sollte bei der Beurteilung ermittelter «IQs» und «CQs» etwas vorsichtig sein und daraus nicht vorschnell weitreichende

Schlüsse über eine Person ziehen. Die angewandten Tests sind recht unterschiedlich in Art, Umfang und Qualität, in vielen Fällen kann man sich eine Testroutine aneignen, und auch die äußeren Testbedingungen sind nicht immer gleich. Ferner besteht eine gewisse Unsicherheit im Hinblick auf die Übertragbarkeit von Testleistungen – sowohl im positiven wie im negativen Sinn – auf Realsituationen.

2. *Kreativitätstraining*

Es gilt als erwiesen, daß das vorhandene kreative Potential eines Menschen keineswegs konstant ist, sondern durch geeignetes Training angehoben werden kann. Der Begriff «Training» ist hierbei weit zu sehen und beinhaltet die Auseinandersetzung mit speziellen, Kreativität abverlangenden Aufgaben [11] ebenso wie beispielsweise besondere Kreativitätsseminare, die Aneignung heuristischer Denkprogramme (z.B. Methoden zur Ideenfindung) oder praktisches Problemlösen unter kreativitätsfördernden Bedingungen.

Es kann davon ausgegangen werden, daß sich die dem Menschen in die Wiege gelegte Veranlagung zum kreativen Verhalten seiner intelligenten Veranlagung gleichsetzen läßt. Beobachtet man Kinder in den ersten Lebensjahren, dann dominiert sogar eher Kreativität, ausgedrückt in einem Reichtum an Phantasie, Einfühlungs- und Vorstellungsvermögen. Die stark an Erfahrungsmaterial gebundene Intelligenz (z.B. Einsichten entwickeln oder die Folgen des Tuns absehen) ist demgegenüber noch vergleichbar schwach ausgeprägt. Unsere kulturellen und sozialen Wertvorstellungen und Normen überbetonen jedoch die Intelligenzentwicklung vor einer ähnlichen Förderung kreativer Veranlagung. Dabei wird Intelligenz in etwas einseitiger Auffassung nicht selten mit der Fähigkeit zur sozialen Anpassung und Anhäufung von bereits vorgedachtem Wissen gleichgesetzt. Die privaten wie die öffentlichen Erziehungskonzepte sind damit nicht so sehr auf die Entfaltung eines eigenständig-kritisch denkenden Menschen abgestimmt als auf die Formung von Individuen, die die formellen und informellen Verhaltensregeln unserer Gesellschaft lernen und befolgen sowie über ein möglichst großes Repertoire an anerkanntem Wissen verfügen, das erwartungsgemäß in bestimmten Situationen mehr oder weniger stereotyp anzuwenden ist. Die wesentlichen Anreiz- und Belohnungssysteme unserer Gesellschaft (z. B. Notengebung oder Beförderungsrichtlinien) sind auf diese «Ordnung» und dieses Soll-Verhalten ausgerichtet.

Die meisten Menschen sind von der Fülle und dem Druck von (repetitiven) Lern- und Anpassungsvorgängen so überfordert, daß ihre Kreativität verkümmert und allenfalls auf Restbereichen (z. B. das private Hobby) erhalten bleibt.

Andererseits entfalten sich kreative Menschen nur in einer kreativen Gesellschaft. Die notwendige und berechtigte Forderung nach mehr Kreativität muß deshalb auch von einem Wandel sozialer Auffassungen, Werte und Ziele begleitet sein. Das bedeutet noch lange nicht eine politische Umstrukturierung und eine Neuverteilung der bestehenden Machtverhältnisse. Es beinhaltet eher ein Überdenken unserer Leistungs- und Anerkennungskriterien in Erziehung, Schule und Beruf, die Förderung einer autonomen Persönlichkeit, wechselseitige Wertschätzung und die Toleranz individueller Erscheinungs- und Verhaltensformen, die von tradierten Stereotypen abweichen.

Es hat sich in vielen Fällen eindringlich gezeigt, daß innerhalb von gesellschaftlichen Gruppen oder Einheiten (z. B. einzelne Unternehmen), die sich selbst eine kreativitätsfördernde Umgebung schaffen, die von den Mitgliedern der Gruppe entfaltete Kreativität signifikant ansteigt – daß es also sehr wohl möglich ist, kreativitätshemmende Barrieren wirksam auszuräumen [12].

3. Das kreative Produkt

Das Ergebnis von Denken oder Tun, das Produkt, wird vielfach als das objektivste Mittel bezeichnet, von dem auf das Kreativitätspotential einer Person geschlossen werden kann. Es wird dabei die Hypothese zugrunde gelegt, daß ein Mensch um so kreativer ist, je mehr und wertvollere Ergebnisse er hervorbringt. Freilich ist auch diese Schlußfolgerung praktisch nicht ganz so einfach, wie sie auf den ersten Blick scheinen mag. Schwierigkeiten beginnen bereits mit der Frage, welchen Kriterien denn ein Ergebnis entsprechen müsse, um überhaupt als «kreatives Produkt» bezeichnet werden zu können.

Die unterschiedlichen Auffassungen überdecken hier ein weites Spektrum. Sie reichen von der Meinung «Ein kreatives Produkt stellt für den Schaffenden etwas subjektiv Neues dar» bis zu der sehr viel höheren Anforderung, daß ein Produkt nur das Prädikat «kreativ» verdienen könne, wenn es für eine ganze Population vorher unbekannt war und außerdem von hohem sozialen Nutzen ist.

Zu dieser Frage soll hier kein weiterer Standpunkt bezogen, sondern lediglich noch angemerkt werden, daß häufig die Anzahl wissenschaftlicher Veröffentlichungen oder angemeldeter Patente als Maßstab für Kreativität herangezogen wird.

4. *Der kreative Prozeß*

Während über die biochemischen Hintergründe und Gesetzmäßigkeiten der Abläufe von Denkprozessen noch weitgehende Unklarheiten bestehen, existieren seit längerer Zeit befriedigende Erklärungsmodelle über die formal-logischen Abfolgen von Problemlösungsprozessen allgemein. Auch für kreative Prozesse werden eine Reihe von Untergliederungen in verschiedene Denkschritte vorgestellt. Hier fand insbesondere der Vorschlag von POINCARÉ Verbreitung, im kreativen Prozeß die Phasen

- Vorbereitung,
- Inkubation,
- Erleuchtung,
- Verifikation

voneinander zu unterscheiden [13].

Die *Vorbereitungsphase* beginnt mit dem Erkennen oder Bewußtwerden eines Problems und setzt sich mit der Analyse des problematischen Tatbestandes fort. Das Individuum versucht, sich wesentliche Zusammenhänge des Problems transparent zu machen, aktiviert sein möglicherweise problemrelevantes Wissen und versucht, dieses Wissen flexibel zu einer Antwort auf das Problem zu verarbeiten.

Die *Inkubationsphase* liegt zwischen dem Aufstellen der ersten Hypothesen und dem Finden der endgültigen Lösung. Es wird angenommen, daß während der Inkubationsphase unterbewußte

Merkmale des Routinedenkens	Merkmale des kreativen Denkens
– Ziel kann sicher erreicht werden	– Ungewißheit, ob das Ziel erreicht werden kann
– Bisheriges Wissen paßt präzise auf die Situation	– Bisheriges Wissen paßt nur ungefähr auf die Situation
– Keine Transformationen des Wissens	– Viele Transformationen des Wissens
– Vergleiche aus der Erfahrung führen zu exakten Lösungen	– Vergleiche führen zu neuen Anregungen, zu neuen Wunschzuständen
– Logisch und genau	– Alogisch, ungenau
– Sicher, beruhigend	– Verwirrend
– Große Richtigkeit	– Irrtümer, Fehler
– Keine Lernprozesse notwendig; führt nicht zu neuem Wissen	– Notwendige Lernprozesse, die zu neuen Erfahrungen führen

Bild I.5 Vergleich der Merkmale des Routinedenkens mit den Merkmalen kreativen Denkens

Denkprozesse eine bedeutsame Rolle spielen. In diesen Prozessen wird problembezogenes Material mit anderem Erfahrungsmaterial in Verbindung gebracht und zu vielen Konstellationen durchkombiniert, von denen die eine oder andere eine Lösung des Problems oder eine weiterführende Antwort in Lösungsrichtung beinhalten kann. Die Inkubationszeit läßt sich so als «unterbewußte Problemverarbeitung» erklären, die selbst dann stattfindet, wenn sich das Individuum bewußt mit anderen Sachverhalten auseinandersetzt [14].

Die *Erleuchtung* ist das unvermittelte, plötzliche Bewußtwerden einer Idee, der Geistesblitz, das «Aha!» als Ergebnis unterbewußten Denkens. Die auftauchende Idee wird nun *verifiziert*, das heißt gedanklich überprüft, ob sie den Gegebenheiten und Anforderungen an die Problemsituation auch gerecht wird.

Vertiefte Kenntnisse über kreative Denkprozesse sind praktisch aus wenigstens zwei Gründen von Interesse: Aufbauend auf solchen Kenntnissen lassen sich zum einen beispielsweise im Unternehmen jene äußeren Bedingungen realisieren, die die Initiierung und Ablaufstärke kreativer Tätigkeiten in möglichst hohem Maß begünstigen; zum anderen wird die Konzeption von Methoden (Synektik!) ermöglicht, die kreative Prozesse quasi stimulieren und die auch den von Natur aus weniger Kreativen zu überdurchschnittlichen kreativen Leistungen anregen können.

Die Unterschiede zwischen kreativen Denkprozessen und dem (primär auf Logik beruhenden) Routinedenken sind in Bild 1.5 zusammengefaßt. Es wird deutlich, wie die Attribute kreativen Denkens mit Bedingungen und Anforderungen bei der Lösung von Innovationsproblemen korrespondieren.

Kreativitätsförderung im Unternehmen

Die Fähigkeit zu kreativem Verhalten bzw. zu kreativen Schaffensprozessen beruht im wesentlichen auf drei elementaren Komponenten. Diese sind:

1. das verfügbare Wissen
Es herrscht weitestgehend Einigkeit darüber, daß ein wesentliches Merkmal schöpferischer Prozesse in der Reorganisation (Neu-Anordnung) bereits bekannter Wissenselemente besteht. Mit anderen Worten: Über je mehr (und unterschiedliches) Wissen ein Mensch verfügt, um so vielfältiger und umfangreicher ist die Zahl der von ihm herstellbaren (originellen) Denkverbindungen.

2. Mechanismen der Wissensverarbeitung
Hierzu zählen die benutzten Denkprinzipien, -methoden und Freiheitsgrade des Denkens (z.B. Aspektmannigfaltigkeit bei der Betrachtung von Phänomenen, Urteilsbildung, Dekomponierung von Komplexitäten, Assoziationsbereitschaft, Denken in Analogien usw.).

3. psychodynamische Antriebskräfte
Dieser Komponente kommt wegen ihrer Auslösefunktionen eine zentrale Bedeutung zu. Die psychodynamischen Triebkräfte haben

zwar ihre wesentlichen Wurzeln in der kreativen Person selbst (z. B. Neugierverhalten, Wunsch nach Selbstverwirklichung, Einfühlungs- und Identifikationsbereitschaft, Bedürfnisspektrum usw.), stehen aber in enger Wechselwirkung mit von außen kommenden Einflüssen (z. B. Rollenzuweisung, Anerkennung, Verantwortung, sozial wirksame Repressionen, Freude- und Leiderlebnisse usw.). Kreativitätsentwicklung kann also nur bedingt am Individuum isoliert erfolgen, sondern betrifft ebenso die Gestaltung der Umweltbereiche, mit denen das Individuum in Beziehung steht.

Entsprechend den eben aufgeführten Einflußfaktoren auf Kreativität sollte die Erschließung kreativer Reserven im Unternehmen parallel auf drei Ziele gerichtet sein:

□ *Bereitstellung des für kreative Leistungen notwendigen Wissens*
Hier kommt es generell darauf an, den mit innovativen Aufgaben beauftragten Mitarbeitern des Unternehmens den Zugriff auf das intern und extern nutzbare Wissen möglichst ohne Umwege zu ermöglichen, ihre Erfahrungen zu erweitern und grundsätzlich die Informations- und Kommunikationsbeziehungen so weit es geht zu öffnen. Geeignete Maßnahmen sind:

– Reduzierung aller bürokratischen Ablaufregeln und Reglementierungen auf ein gerade noch erforderliches Mindestmaß. (Denn man wird beispielsweise eher auf die Einsicht in eine interessante Veröffentlichung verzichten, als Materialanforderungen nebst Begründung in dreifacher Ausführung anzufertigen, diese vom Hauptabteilungsleiter abzeichnen zu lassen und drei Wochen auf die Abwicklung des Vorgangs zu warten.)
– Organisation von Kontakten und Informationsaustausch innerhalb des Unternehmens, etwa im Rahmen von vereinbarten Besprechungen zwischen Mitarbeitern der Funktionsbereiche Marketing und Forschung und Entwicklung, von «Tee-Stunden» oder «Social-Hours», die zur Intensivierung von Querbeziehungen führen.
– Solche Querbeziehungen werden automatisch gepflegt, wenn sich ein Unternehmen nach dem Matrix-Prinzip organisiert, wenn es «Querschnittsfunktionen» einrichtet oder das Prinzip der «vermaschten Arbeitsgruppen» befolgt;

- Die Förderung von Teamarbeit allgemein und das Projektmanagement insbesondere begünstigen, daß unterschiedliches Erfahrungswissen mehrerer Personen in die Bearbeitung wichtiger Probleme einfließen kann.
- Durch planmäßigen Funktionswechsel («Job-Rotation») erweitern ausgewählte Mitarbeiter ihre Sachkenntnisse, lernen die Probleme des Unternehmens aus unterschiedlichen Arbeitsplätzen kennen, entwickeln ein höherwertiges Problemverständnis und wirken als integrierende Elemente und Kommunikations-Promotoren.
- Wird es einzelnen Mitarbeitern ermöglicht, in externen Fachgremien, Ausschüssen usw. mitzuwirken, so bedeutet dies in der Regel nicht nur für die Betreffenden fruchtbaren Erfahrungsaustausch, sondern das Unternehmen kann im Einzelfall über so geschaffene Kanäle Zugang zu wertvollen Planungsdaten erhalten.
- Angemessenes Informationsverteilungswesen, Einrichtung von Ideensammelstellen, Pflege von Fachkontakten.

□ *Schaffung von Umgebungsbedingungen, die zu Kreativität anregen*

Kreativitätsfördernde Maßnahmen, die über psychologische Mechanismen wirken, dürften sich zwar langfristig als die nutzbringendsten erweisen, setzen bei allen Beteiligten jedoch eine hohe Bereitschaft für soziale Lernprozesse voraus und erfordern häufig ebenso sachkundiges wie behutsames Herangehen, da sie auf unterschiedlichste individuelle Persönlichkeitsstrukturen abzustimmen sind.

Kreativität zu entwickeln beruht nicht zuletzt auf der Lösung motivationaler Probleme – ein Fragekreis, der in unserer zu totaler sozialer Sicherheit tendierenden Berufswelt und der zunehmenden Verlagerung aller Erlebniswünsche in die Freizeit immer mehr an Bedeutung gewinnt. Anreize zur Entfaltung von Kreativität zu geben heißt hier, Arbeitsformen zu finden, die die sich verbreitende «I-do-it-for-the-money»-Auffassung zugunsten interessierten beruflichen Engagements wieder zurückdrängen.

Erfolgversprechende Ansätze bestehen in

- Delegation als Führungsprinzip; Gewährung weitgehender Autonomie bei der Sachbearbeitung (Wahl der Vorgehensweise, keine Vorgabe von starren Schemata, wie bei Problemlösungen oder der Bewältigung von Aufgaben zu verfahren ist);
- mitarbeiterorientierter Führung, die weder patriarchalisch-autoritär ist noch nach dem Motto des «laisser-faire» handelt; Unterstützung der Mitarbeiter in sachlichen und persönlichen Fragen; Bemühen um die fachliche Entwicklung und das Fortkommen des Mitarbeiters (systematische Personalentwicklung);
- der Weitergabe relevanter Planungs- und Führungsinformationen an die Mitarbeiter; Einschaltung der Mitarbeiter in Zielbildungs- und Entscheidungsprozesse (erst Zieltransparenz ermöglicht eine kritische Reflexion der ausgeführten Arbeiten; Mitwirkung an Entscheidungen führt zu Identifikation und Engagement);
- Beförderungsrichtlinien, die sich nicht nur an Sachkenntnissen und materiellen Erfolgen orientieren, sondern ebenso an sozialen Fähigkeiten, an Kooperationsbereitschaft, Teamfähigkeiten usw.;
- einer generellen Aufgeschlossenheit des Managements gegenüber Neuerungen und einer vertikalen Durchlässigkeit der Organisation für Vorschläge aus allen Ebenen; Aufbau eines Unternehmensklimas, in dem innovatives Verhalten gewürdigt wird;
- einer Abkehr von individueller Isolation in der Berufserfüllung hin zu stärker betonter Teamorientierung.

□ *Förderung kreativer Wissensverarbeitung*
Entsprechende unternehmensinterne Maßnahmen, Haltungen und Einstellungen sollten darauf gerichtet sein, kreativitätshemmende Denkblockaden abzubauen, die beispielsweise in

- der Ablehnung neuer Ideen,
- funktionellen Fixationen («Blindheit», Gewohnheiten),
- Autoritätsabhängigkeit, Hierarchiedenken,

- widersprüchlichen Zielen,
- Angst vor Änderungen und Risiken,
- vorgefaßten Meinungen,
- überholten Auffassungen,
- Zeitdrücken,
- mangelndem Selbstvertrauen,
- zu niedrig gesetzten Zielen,
- mangelnder Anerkennung,
- festgefahrenen Rollen oder
- Konflikten und Rivalitäten

bestehen. Eine Schlüsselrolle nehmen dabei die Führungskräfte ein, die sich der Bedeutung ihrer Möglichkeiten und Verantwortungen bei der Gestaltung einer zum freien, kreativen Denken ermutigenden Arbeitsatmosphäre bewußt sein sollten.

In diesem Zusammenhang kommt eine weitere zentrale Stellung bestimmten Denkmethoden und -techniken zu (diese werden anschließend ausführlich behandelt), die Phantasie, Originalität und Intuition anregen, aber auch das Herangehen an schlechtstrukturierte (Innovations-)Probleme in ausgeprägterem Maße systematisieren – die also dann bei Problemlösungen eingesetzt werden, wenn Logik und Ratio alleine nicht weiterhelfen können.

Eine Zusammenstellung von kreativitätsfördernden Maßnahmen ist – unter verschiedenen Gliederungskriterien – in den Bildern 1.6, 7 und 8 erfolgt [15].

Weitere für die praktische Kreativitätsförderung im Unternehmen wichtige Maßnahmen sind

- die Möglichkeit, den Mitarbeitern – vor allem im F&E-Bereich – bestimmte Zeitanteile für die Verfolgung individueller (Forschungs-)Interessen zu gewähren,
- die Einrichtung von Stäben oder Querschnittsfunktionen mit der speziellen Aufgabe, methodische Innovationshilfen für alle Unternehmensbereiche zu leisten,
- die Projektbearbeitung durch interdisziplinäre, bereichsheterogene Teams oder
- die Einrichtung eines betrieblichen Vorschlagswesens und von Ideensammelstellen.

Gestaltungselemente des Unternehmens \ Komponenten der Kreativität	Wissen	Denkregeln	Psychol. Antriebe
Aufbauorganisation	1		
Ablauforganisation	2		11
Standardisierung	3		
Arbeitsteilung	4		12
Führungsverhalten	5	8	13
Personalentwicklung	6	9	14
Informations- und Kommunikationsbeziehungen	7	10	15

Beispiele für kreativitätsfördernde Maßnahmen:

1 Matrixorganisation
2 Projektmanagement
3 Minimierung bürokratischer Abläufe
4 Job-Rotation
5 Weitergabe grundlegender Informationen an Mitarbeiter (Ausweitung des Blicks auf das Unternehmensganze)
6 Angebot an Fort- und Weiterbildungsmöglichkeiten
7 Freier Zugang zu relevanten Informationen; offene Kommunikation
8 Ermutigung zu unkonventionellem Denken; Offenheit gegenüber Neuerungen
9 Kreativitätstraining
10 Kooperatives, vorurteilsfreies Zusammenwirken; Moderatoren-Training
11 Autonomie in der Sachbearbeitung
12 Delegation von Verantwortung
13 Mitarbeiterorientierte Führung
14 Beförderungsrichtlinien, die sich z.B. auch an sozialen Fähigkeiten und Einstellungen orientieren; Verhaltenstraining
15 Durchlässigkeit der Organisation für neue Ideen

Bild 1.6 Unternehmensinterne Kreativitätsförderung im Hinblick auf wesentliche Komponenten der Entfaltung von Kreativität

Häufige Schwachstellen der Kreativitätsförderung liegen derzeit noch insbesondere bei

- Information, Kommunikation, Kooperation und Teamorientierung, und zwar vor allem im Hinblick auf das abgestimmte Zusammenwirken der einzelnen Funktionsbereiche innerhalb der Unternehmen,
- der Förderung und Anerkennung unkonventionellen Denkens als Ausdruck des Führungsverhaltens,
- der Motivierung der Mitarbeiter und dem Versuch, deren Identifikation für die Unternehmensziele und die daraus abgeleiteten Aufgaben zu verstärken.

Ansatz	Maßnahmen	Ergebnisse
Sachwissen	Offene Informations- und Kommunikationsbeziehungen Weiterbildung Job-Rotation Zugang zu relevanten Veröffentlichungen, Daten und Informationen	Erweiterung des Problemlösungspotentials
Methodenwissen	Methoden zur Ideenfindung und Kreativitätsentwicklung Analysemethoden Entscheidungstechniken Arbeitstechniken usw.	Erhöhung der unmittelbaren Problemlösungsfähigkeit Effizienteres Problemlösen (Qualität; Zeit) Richtige Entscheidungen
Motivation	Delegation; Autonomie der Sachbearbeitung Partizipation an der (Teil-)Zielbildung Mitarbeiterorientierte Führung Job-Rotation	Problemsensitivität Interesse und Engagement Identifikation mit dem Unternehmen

Bild 1.7 Maßnahmen zur Förderung der individuellen kreativen Leistung

Ansatz	Maßnahmen	Ergebnisse
Informationsfluß	Offene Kommunikationsstrukturen Matrix-Organisation Vermaschte Arbeitsgruppen Bereichsübergreifende Informationssitzungen Organisation der Informationsverteilung	Koordination Akzeptanz Integrales Denken Aufgabenbezogene Stimulanz
Kohäsion und Integration	Teamorientierung Organizational Development Gruppendynamisches Verhaltens- und Teamtraining	Abbau von Rivalitäten und Egoismen Synergetisches Problemlösen Positives Arbeitsklima Reduktion von Desinteresse und Absentismen
Kooperation	Methoden zur Ideenfindung und Kreativitätsentwicklung Moderatorentraining Arbeits- und Präsentationstechniken Methoden zur Entscheidungsfindung	Effizienteres, synergetisches Problemlösen Koordination der vorhandenen Energien, z. B. bei der Durchsetzung von Lösungen

Bild 1.8 Maßnahmen zur Erhöhung der kreativen Leistung von Gruppen

Kreativitätsblockaden

So berechtigt und notwendig die Forderung nach mehr Kreativität im Unternehmen ist – ihre Durchführung stößt im Einzelfall auf eine ganze Reihe von Widerständen, die sich einmal aus der Natur einer Organisation ergeben, zum anderen durch nur allzu verständliche Verhaltensweisen der in der Organisation tätigen Menschen.

In der Regel ist ein Unternehmen eine auf dauerhaftes Existieren ausgerichtete Organisation und deshalb auch nach Prinzipien aufgebaut, die Stabilität gewährleisten sollen. Weiterhin unterliegt unternehmerisches Handeln den Grundsätzen der Wirtschaftlichkeit und hat sich deren Randbedingungen zu unterwerfen. Ferner und schließlich sind die Mitarbeiter einer Organisation häufig in Konflikt zwischen ihren persönlichen und den Zielen der Organisation selbst.

In Bild 1.9 sind solche typischen Attribute der Organisation aufgelistet, die Kontinuität, Wirtschaftlichkeit und Persönlichkeiten betreffen. Konfrontiert man diese Attribute mit wiederum typischen (und notwendigen) Attributen angewandter Kreativität, so werden eine Vielzahl von Konfliktbereichen sichtbar, die geradezu systembedingt sind. Alle Konfliktbereiche können natürlich an dieser Stelle nicht diskutiert werden. Einige besonders wichtige sollen jedoch angesprochen und auf Möglichkeiten ihrer Überwindung kurz ausgeleuchtet werden:

① Die Sensibilität für das Aufspüren von Problemen und die Fähigkeit, diese kreativ zu lösen, hängt neben Persönlichkeitseigenschaften auch stark vom Grad der Kenntnis der eigenen Umwelt ab. (Das Sprichwort: «Was ich nicht weiß, macht mich nicht heiß», trifft also auch hier sehr wohl zu!) Arbeitsteilung und Funktionstrennung im Unternehmen bewirken jedoch tendenziell für den Mitarbeiter, daß er zwar über einen gewissen Umweltausschnitt («über sein Gebiet») gut informiert ist, daß er aber übergreifende Zusammenhänge oft aus den Augen verliert bzw. verlieren muß. Deshalb erschwert sich die Einsicht in kreative «Grundsatzlösungen».

Das Prinzip der vermaschten Arbeitsgruppen ist beispielsweise eine Möglichkeit, um relevantes Wissen an die Mitarbeiter eines Unternehmens vollständiger heranzutragen.

② Zu ausgeprägte Routinen oder Standardisierungen vermitteln in hohem Maße das Gefühl der Fremdbestimmtheit der eigenen Tätigkeiten und engen die für Kreativität notwendigen Verhaltens- oder Experimentierspielräume ein. Die Möglichkeiten der persönlichen Identifizierung schwächen sich ab, Frustrationserlebnisse nehmen zu. Die inneren Antriebe zur Auslösung kreativer Akte reduzieren sich und begünstigen die Neigung, sich auf nur passives «Verwalten» der beruflichen Aufgaben zurückzuziehen.

Attribute der Kreativität \ Attribute der Organisation	Hierarchien	Arbeitsteilung, Fkts.-Trennung	Routinen, Standardisierungen	Tradition, Beharrung	Gewinnorientierung	Mittelbegrenzung	Scheu vor Risiken	Rivalitäten (Macht, Ressourcen usw.)	Karriere- u. Entlohnungssysteme	Emotionale Verschlossenheit
Sachliche Transparenz, Verständnis		①								
Identifizierung, Engagement			②							
Flexibilität des Denkens				③						
Freiheit der Verwirklichung					④					
Wechselseitige Anregung									⑤	
Kommunikation, Informationszugang	⑥									
Neuheit, Originalität							⑦			
Vielfalt der Alternativen						⑧				
Vorurteilslosigkeit								⑨		
Kooperation, Integration										⑩

Bild 1.9 Matrix der Kreativitätskonflikte eines Unternehmens

③ Innovationen wachsen «auf einer Spielwiese des freien Denkens», wo unterschiedlichste Möglichkeiten vorurteilsfrei und spekulativ geäußert und erwogen werden können. Werden ungewöhnliche Gedankenansätze bereits im Frühstadium durch Barrieren der Tradition und Beharrung auf dem Gewohnten erstickt, bleiben Erfolgserlebnisse aus, und die Neigung zu kreativem Denken verkümmert in einer Form negativer Lernprozesse. Jedes Unternehmen sollte deshalb ausreichend viele Anlaufstellen haben, die neue Ideen aufgreifen, deren Chancen vorurteilsfrei überprüfen, Abweisungen sinnvoll und konstruktiv begründen und zu weiteren Denkanstößen ermuntern.

④ Innovationen müssen wirtschaftlich realisierbar sein, und es gehört zu den primären Zielen eines Entscheidungsprozesses, zwischen konkurrierenden Alternativen jene herauszufiltern, die den größten Nutzen versprechen. Dabei können auch besonders elegante, originelle, kreative Lösungen auf der Strecke bleiben – häufig zum Unverständnis ihrer «geistigen Väter». Wichtig ist deshalb, daß man gegenüber den Ideenurhebern die Entscheidungskriterien offenlegt, daß man auch zurückgestellte Ideen würdigt und so die Motivation zu weiteren gedanklichen Anregungen wachhält.

⑤ Die verbreiteten Karrieremechanismen beruhen auf der Zurechnung von Leistungen auf die einzelne Person. Verständlicherweise wächst daraus ein bestimmtes egoistisches Leistungsverhalten, das es geradezu als dumm erscheinen lassen würde, potentiellen Mitbewerbern um eine hierarchisch oder materiell besser ausgestattete Position im Unternehmen durch Hilfestellungen (Informationen, Anregungen usw.) zu unterstützen. Dieses Konkurrenzphänomen kann sicher nicht von heute auf morgen und wahrscheinlich auch niemals völlig ausgeschaltet werden. (Nota bene: Solange es nicht in übertriebenem Maße besteht, ist es eine Quelle willkommener Produktivität!)

Der Verschleiß von Kräften in einzelpersönlichen Konkurrenzen läßt sich durch Teambildungen, gemeinsame Verantwortungen, Bemühungen um wechselseitiges Verständnis, Pflege des «Wir-Gefühls» usw. merklich abschwächen. Solche Entwicklungen einzuleiten und zu verstärken gehört zu den hervorragenden Aufgaben des Managements.

⑥ Je mehr und unterschiedlicheres Wissen einem Mitarbeiter zugänglich ist, desto größer ist die Vielfalt seiner potentiellen kreativen Denkergebnisse. Offene Kommunikationsstrukturen und freie Informationszugänge nach innen und nach außen unterstützen deshalb die Innovationsfähigkeit des einzelnen und des Unternehmens insgesamt.

⑦ Neuerungen implizieren Unsicherheit und Ungewißheit sowie die Notwendigkeit für Erfahrungen und zu Lernprozessen für das Unternehmen als Ganzes und für alle von der Neuerung betroffenen Mitarbeiter. Scheu vor dem Risiko und die Neigung, auf dem Bekannten und «Bewährten» zu beharren, stellen deshalb Innovationsbarrieren dar, die Kreativität bereits im Ansatz abwürgen können. Empirische Untersuchungen haben gezeigt, daß solche Willens- und Wissensbarrieren leichter überwunden werden können, wenn eine Innovation im Unternehmen durch Fach-, Macht- und Kommunikationspromotoren gestützt wird [16].

⑧ Die endlich begrenzten Mittel und Kapazitäten eines Unternehmens bedingen, daß nicht alle hervorgebrachten Ideen auch in die Tat umgesetzt werden können. Ein «Kreativitätsdilemma» des Unternehmens besteht also darin, daß einerseits die Zahl der Ideen angeregt werden soll und dabei aber gleichzeitig die «Rückweisungsquote» mit enttäuschenden Folgewirkungen für die Ideenurheber anwachsen muß.

Einen idealen Ausweg aus diesem Dilemma zu finden, fällt schwer. Ansätze sind: potentielle Innovationsvorhaben schon möglichst frühzeitig auf ihre Verwirklichungschancen überprüfen, Prioritäten über erfolgversprechende Suchrichtungen anzeigen (Kreativität in bestimmte Richtungen kanalisieren), Kreativität stärker auf Detailgestaltung angelaufener Vorhaben konzentrieren, nicht realisierbare Ideen keinesfalls abtun, sondern die Unmöglichkeit der momentanen Umsetzung vernünftig begründen.

⑨ Neue Ideen bleiben nur so lange lebensfähig, als man sie unvoreingenommen beurteilt und wegen ihrer (zwangsläufigen) Unvollständigkeit im Stadium der konzeptionellen Reife nicht voreilig niederschlägt. Da jedoch die Realisierung eines neuen Vorhabens in der Regel das Zusammenwirken mehrerer Funktionsbereiche eines Unternehmens voraussetzt (und jeder seine eigenen Ideen durchgesetzt haben möchte und nur ungerne «nach der Pfeife des anderen tanzt»), stoßen neue Ideen besonders häufig auf interessenbedingte, nicht objektiv gerechtfertigte Ablehnungen – auch als Auswirkung des sogenannten «not-invented-here»-Effekts bekannt. Matrixmanagement und bereichsheterogen zusammengesetzte Teams können dem entgegenwirkende Verständnisbrücken aufbauen. Ebenso mag es fallweise sinvoll sein, Entscheidungsträger (wenigstens phasenweise) in Prozesse der Ideenfindung zu integrieren, um Identifikationen mit dem neuen Vorhaben zu bilden und um Projektabweisungen zu verhindern, die auf mangelnder Information über das Vorhaben beruhen.

⑩ Viele Menschen gehen davon aus, daß die Umwelt von ihnen ein berufliches Rollenverhalten erwartet, das von Rationalität, strenger Logik, Unfehlbarkeit und ausschließlicher Sachzuwendung geprägt ist. Im ängstlichen Bemühen, diesem Rollenbild zu entsprechen, werden die Kontaktbeziehungen häufig formell, steif und verschlossen. Man sieht sich und die anderen nur als möglichst vernunftbegabte Träger von Funktionen, enthoben von allen sozialen Bedürfnissen und menschlichen Schwächen. Diese Tabuisierung zwischenmenschlicher und informeller Beziehungen führt jedoch zu einer emotionalen Verschlossenheit, die ungehemmten Gedankenaustausch und eine offene Zusammenarbeit vielfach behindert.

Aufforderungen zur Gestaltung eines entkrampften Arbeitsklimas mögen die Maximen sein:

– Entwickle Vertrauen in deine Mitarbeiter und Kollegen,
– mache Mut zum unkonventionellen Denken,
– gestehe ein, daß jeder Mensch Fehler machen kann,
– sei so offen, wie du möchtest, daß man dir entgegenkommt.

Möchte man Kreativität systematisch im Unternehmen fördern, so muß man sich – und dies soll ein teilweises Fazit der getroffenen Aussagen sein – sehr wohl bewußt machen, daß Kreativität beileibe nicht so mechanisch wie etwa die Leistung einer Maschine gesteigert werden kann. Die Fähigkeit zu kreativem Denken und Verhalten unterliegt einer Fülle und in Wechselwirkung stehender persönlichkeitsspezifischer und äußerer Einflußfaktoren. Vor allem die auf psychologischer Ebene wirkenden Faktoren (die zum Beispiel Streß, Drücke, Ängste, Enttäuschungen, Hoffnungen, Freude, Zufriedenheit, Erfolgserlebnisse usw. auslösen), die im wesentlichen aus den konkreten Führungsstilen, Mitarbeiterverhältnissen, hierarchischen Strukturen, Arbeitszielen und -inhalten und aus organisatorischen Regelungen folgen, verdienen besondere Beachtung.

In Bild 1.10 sind eine Reihe solcher Faktoren aufgelistet, die vom einzelnen als Kreativitätsblockaden empfunden werden. Der Autor hat diese Liste insgesamt 284 Personen aus verschiedenen Ebenen und Funktionsbereichen in zwölf Unternehmen mit der Bitte vorgelegt, die Blockadewirkungen subjektiv einzuschätzen. Hierzu war eine Skala von Null («Übt auf mich keinerlei Blockadewirkung aus») bis Fünf («Blockiert mich in hohem Maße») vorgegeben. Alle Antworten erfolgten anonym. Die Ergebnisse machen deutlich, daß vor allem die bestehenden Kooperationsgefüge (Interessenkonflikte, vorschnelle Kritik, zermürbende Gremienarbeit, Bürokratie) kreativ-innovative Entfaltung unterdrükken und neue Formen der Zusammenarbeit verlangen, die ein höheres Maß an Offenheit, Gemeinsamkeit, wechselseitiger Akzeptanz und reibungsfreier Arbeitsmethodik begünstigen.

A. Blockaden, die sich in der eigenen Person bilden (psychologische Blockaden)	
Neigung, anderen nachzugeben	1,93
Unsicherheit über mögliche Negativfolgen aus neuen Ideen	1,54
Neigung zu gewohnten Vorgehensweisen	2,35
Zu schnelle Meinungsbildung	2,29
Suche nach dem absolut Richtigen	2,65
Erlebte Enttäuschungen; Resignation	1,97
Zu wenig Vertrauen in das eigene Wissen und in die eigenen Fähigkeiten	1,67
Hemmungen, sich zu äußern; Gefühl, anderen nichts aufdrängen zu wollen	2,03
Scheu vor der alleinigen Verantwortung eigener Ideen	1,17
Zufriedenheit mit dem Erreichten	1,70

B. Blockaden, die von außen gebildet werden (soziologische Blockaden)	
Mangelnde Anerkennung neuer Ideen und kreativen Verhaltens	2,22
Tabus; Heilige Kühe; Traditionen	1,99
Zu hoch vorgegebene Ziele und Anforderungen	1,95
Mangelnde Objektivität durch Interessenkonflikte und Rivalitäten	2,50
Entmutigung, Kritik und Zweifel durch Dritte (Vorgesetzte, Kollegen)	2,43
Zu viele Komitees und Gremien; Zerreden neuer Vorhaben	3,06
Zu geringer eigener Verantwortungsspielraum	2,14
Blockierung von Kommunikation; wenig Möglichkeiten zu Gedankenaustausch und Teamarbeit	2,27
Bürokratische Starrheit; viele Vorschriften; strenge Instanzenwege; Anonymität	2,78
Wenig Anregungen aus zu einseitiger und zu abgegrenzter Tätigkeit	1,73
Zu viele Routinearbeiten; wenig Zeit für schöpferische Tätigkeiten	2,98

Bild 1.10 Kreativitätsblockaden und Einschätzung ihrer Wirkung auf einer Skala von 0 bis 5

In den nächsten Kapiteln wollen wir nun eine Reihe Methoden und Techniken zur Steigerung von Kreativität und zur Erhöhung der Ideenvielfalt beschreiben. Ihr Anwendungserfolg beruht zu einem guten Teil darauf, daß die von diesen Methoden geforderten Verhaltensregeln wesentlich zur Gestaltung eines innovationsfördernden Arbeitsklimas beitragen.

Kapitel 2

METHODEN ZUR IDEENFINDUNG

Grundlagen der Methoden

Bei der Diskussion von Innovationsprozessen wurde festgestellt, daß man bei (wohlstrukturierten) Routineproblemen auf jeden Fall zwingend zur Lösung kommt, sobald man die jeweils anzuwendenden Vorgehensweisen oder Algorithmen (Rechenregeln) kennt. Unrichtige Lösungen erzielt man nur dann, wenn während des Problemlösungsprozesses «Denkfehler» auftreten, indem man sich beispielsweise verrechnet, Variable vertauscht oder zu berücksichtigende Größen übersieht.

Bei den (schlechtstrukturierten) Innovationsproblemen hingegen kann man nicht auf hochwirksame Algorithmen zurückgreifen, sondern die Ideensuche ist eher ungerichtet, intuitiv und zufallhaft. Nun heißt es jedoch, daß eine Reihe sogenannter «Methoden zur Ideenfindung» bereitstünden, mit denen man – vor allem in der Inventionsphase von Innovationsprozessen – die Vielfalt an kreativen, originellen Lösungsmöglichkeiten spürbar anheben könne. Wie ist dies möglich? Worauf beruhen die Wirkungsweisen dieser Methoden? [17]

Heuristische Prinzipien

Wenn wir auch bei schlechtstrukturierten Problemen mit logischen Mitteln alleine nicht weiterkommen, so verfügen wir zu deren Bewältigung dennoch über eine Reihe von Suchregeln oder -methoden, die unsere Gedankengänge stimulieren und uns das passive «Warten auf einen Einfall» überwinden lassen. So wissen wir alle, daß wir zu einem bestimmten Problem sehr viele Anre-

Systematisch-analytische Methoden	Die Intuition anregende Methoden
– Systematische Erfassung, Ordnung und Gliederung von problemrelevanten Elementen – Systematische Kombination – Systematische Variation	– Wechselseitige Assoziation – Semantische Intuition – Analogiebildung und Vergleichziehung – Strukturübertragung und Struktursynthese

Bild 2.1 Dominierende Heuristiken systematisch-analytischer und intuitiv-kreativer Methoden der Ideenfindung

gungen erhalten können, wenn wir beispielsweise eine entsprechende Messe besuchen und uns dort Beispiellösungen vor Augen führen, oder wie sehr es den Gedankenfluß anregt, wenn wir mit einem Kollegen das Problem durchdiskutieren, wenn wir ähnliche Probleme vergleichend heranziehen usw. Wir bezeichnen solche Suchregeln, die erfahrungsgemäß die Findewahrscheinlichkeit erhöhen, als *Heuristiken* (Heuristik-«Findekunst»). Den Findeerfolg zu garantieren, vermögen Heuristiken allerdings nicht.

Heuristiken zur Generierung von Ideen sind u.a.

- die wechselseitige Assoziation,
- die Übertragung von Analogien,
- die Kombination,
- die Variation,
- die Abstraktion eines Sachverhaltes,
- die systematische Zerlegung von Strukturen.

Die Methoden zur Ideenfindung sind nun Verfahrensrahmen, in die bestimmte Heuristiken zur gezielten Anregung von Denkvorgängen eingearbeitet sind. Dabei lassen sich im wesentlichen zwei große Methodengruppen unterscheiden: Methoden, deren Heuristiken den Problemlösungsprozeß auf vorwiegend *analytisch-systematischem* Weg angehen, sowie Methoden mit solchen Heuristiken, die die Einstellung *intuitiv-kreativer* Einfälle begünstigen. Die Methoden der zuletzt genannten Gruppe, zu denen beispielsweise Brainstorming, Synektik oder die Semantische Intuition zählen, werden auch Kreativitätstechniken i.e.S. genannt. Im einzelnen sind es die in Bild 2.1 zusammengefaßten heuristischen Prinzipien, die bei den systematisch-analytischen Methoden einerseits und den die Intuition anregenden Methoden andererseits vorherrschen.

Welche Methoden als Hauptmethoden des systematisch-analytischen Ansatzes und des primär die Intuition anregenden Ansatzes sind, geht aus Bild 2.2 hervor. Diese Methoden sind heute in den Unternehmen auch besonders verbreitet.

Systematisch-analytische Methoden	Die Intuition anregende Methoden
– Morphologischer Kasten – Morphologische Matrix – Attribute-Listing – Funktionsanalyse – Problemlösungsbaum – usw.	– Brainstorming – Brainwriting – Synektik – Semantische Intuition – usw.

Bild 2.2 Hauptmethoden der Ideenfindung

Denkpsychologische Erkenntnisse

Die Fähigkeit zu denken ist eng an die situativen psychischen Bedingungen eines Menschen gekoppelt. So wissen wir alle aus Erfahrung, daß besondere Streßsituationen (über die Ausschüttung von Adrenalin und Noradrenalin) auf biochemischem Wege Denkblockaden auslösen können [18]. Zu solchen Streß- oder Erregungszuständen können etwa wichtige Konferenzen, Präsentationen, Vorgesetztengespräche usw. führen und natürlich auch erlebte Aggressionen, Ungerechtigkeiten, Tadel oder Frustrationen. Die Anwendungsempfehlungen gerade der intuitiv-kreativen Methoden zur Ideenfindung zielen darauf ab, eine streßfreie, entspannte Problemlösungsatmosphäre aufzubauen, die Denkblockaden möglichst ausschaltet und zum freien, ungehemmten Denken ermutigt. Ein Beispiel ist die Brainstorming-Regel, daß während der Ideenfindungsphase jegliche Kritik zurückgestellt werden sollte.

Erkenntnisse über kreative Problemlösungsprozesse

Schon immer hat es die Menschen herausgefordert, den Gesetzmäßigkeiten und Prinzipien ihres Denkens nachzuforschen (Platon, Aristoteles, Descartes, Leibniz u. a. sind dabei hervorragende geschichtliche Persönlichkeiten). Überwiegend introspektiv wurden die Möglichkeiten und Wirkungsweisen des Verstandes, Formen und Ausprägungen des Denkens erkundet. Grundlegende Erkenntnisse, etwa über Assoziationsmechanismen, abstrahierendes Denken, die kognitive Zerlegung komplexer Sachverhalte in kleine Denkschritte und deren Anordnung zu schlüssigen Denkstrategien, über logisch-diskursives und intuitives Denken, über die Zusammenhänge zwischen Wahrnehmungsqualitäten, Emotionen und Denkprozesse usw. flossen auch in die Entwicklung von Methoden zur Ideenfindung ein. Besonders deutlich wird dies am Beispiel der Morphologischen Methode und an der Methode Synektik.

Die wesentlichen *Aufbauelemente der Methoden zur Ideenfindung* sind also:

- heuristische («zum Finden geeignete») Denkprinzipien,
- Erkenntnisse über sozio- und individualpsychologische Einwirkungen auf Denkprozesse,
- Erkenntnisse über Arten und Formen des Ablaufs von Denkprozessen.

Methodenübersichten

Ordnet man die bekannten Methoden der Ideenfindung nach gemeinsamen Durchführungsmerkmalen, so gelangt man zu einer Klassifikation mit sechs Methodengruppen, wie dies in Bild 2.3 dargestellt ist.

Unter den Methodengruppen A bis F nimmt die Gruppe F insofern eine Sonderstellung ein, als die «Methoden der systematischen Problemspezifizierung» nicht primär auf die Suche nach Lösungen ausgerichtet sind, sondern in erster Linie der analytischen Durchdringung problematischer Sachverhalte dienen. Sie

Methodengruppe	Verfahrensmerkmale	Wichtige Repräsentanten
A. Brainstorming und seine Abwandlungen	Ungehemmte Diskussion, in der keine Kritik geübt werden darf; phantastische Einfälle und spontane Assoziationen sollen geäußert werden	– Brainstorming – Diskussion 66
B. Brainwriting-Methoden	Spontanes Niederschreiben von Ideen auf Formulare oder Zettel; Umlauf von Formularen	– Methode 635 – Brainwriting-Pool – Ideen-Delphi
C. Methoden der schöpferischen Orientierung	Befolgung bestimmter Prinzipien bei der Lösungssuche	– Heuristische Prinzipien – Bionik
D. Methoden der schöpferischen Konfrontation	Stimulierung der Lösungsfindung durch Auseinandersetzung (Konfrontation) mit Bedeutungsinhalten, die scheinbar nicht mit dem Problem zusammenhängen	– Synektik – BBB-Methode – TILMAG-Methode – Semantische Intuition
E. Methoden der systematischen Strukturierung	Aufteilung des Problems in Teilkomplexe; Lösung der Teilprobleme und Zusammenfügen zu einer Gesamtlösung; Systematisierung von Lösungsmöglichkeiten	– Morphologischer Kasten – Morphologische Matrix – Sequentielle Morphologie – Problemlösungsbaum
F. Methoden der systematischen Problemspezifizierung	Aufdeckung der Kernfragen eines Problems oder Problembereichs durch systematisches und hierarchisch-strukturierendes Vorgehen	– Progressive Abstraktion – KJ-Methode – Hypothesen-Matrix – Relevanzbaum

Bild 2.3 Gruppierung der Methoden der Ideenfindung nach Verfahrensmerkmalen

A *Brainstorming und seine Abwandlungen*

1 Klassisches Brainstorming[1]
2 Anonymes Brainstorming
3 Didaktisches Brainstorming
4 Destruktiv-konstruktives Brainstorming
5 «And-also»-Methode
6 Creative Collaboration Technique
7 Buzz-Session (Diskussion 66)
8 Imaginäres Brainstorming[1]
9 SIL-Methode[1, 2]

B *Brainwriting-Methoden*

1 Methode 635[1]
2 Brainwriting-Pool[1, 2]
3 Ideen-Delphi[1]
4 Kärtchen-Befragung
5 Idea-Engineering
6 Collective-Notebook-Methode
7 Trigger-Technik
8 BBB-Methode (= D5)

C *Methoden der schöpferischen Orientierung*

1 Heuristische Prinzipien
2 Suchfeldauflockerung
3 Bionik

D *Methoden der schöpferischen Konfrontation*

1 Klassische Synektik[1]
2 Synektische Konferenz
3 Visuelle Synektik[1, 2]
4 Reizwort-Analyse[1]
5 BBB-Methode (s. B8)
6 Force-Fit-Spiel[2]
7 TILMAG-Methode[1, 2]
8 Nebenfeldintegration[2]
9 Semantische Intuition[1, 2]
10 Forced-Relationship
11 Katalog-Technik

E *Lösungsfindung durch systematische Strukturierung*

1 Morphologischer Kasten[1]
2 Funktionsanalyse
3 Attribute-Listing[1]
4 Morphologische Matrix[1]
5 Sequentielle Morphologie[1, 2]
6 Problemlösungsbaum[1]
7 Ablaufanalyse

F *Methoden der systematischen Problemspezifizierung*

1 Progressive Abstraktion[1]
2 Epistemologische Analyse
3 KJ-Methode
4 NM-Methode
5 Hypothesen-Matrix[1, 2]
6 Relevanzbaum

[1] Diese Methoden werden in den folgenden Abhandlungen näher beschrieben
[2] Vom Verfasser entwickelte Methoden

Bild 2.4 Übersicht der Methoden zur Ideenfindung

sind also eher Analysemethoden denn Methoden zur Ideenfindung. Füllt man die Methodengruppen von Bild 2.3 mit der überwiegenden Zahl der heute bekannten Methoden der Ideenfindung aus (eine vollzählige Aufzählung wird dadurch erschwert, daß ab und zu weitere methodische Varianten vorgeschlagen werden), dann ergibt sich folgende repräsentative Zusammenschau von Bild 2.4 [19].

Analysemethoden zur Ideenfindung

Die Bedeutung einer gründlichen Analyse bei der Lösung von Innovationsproblemen wurde bereits hervorgehoben. Allgemein betrachtet sind Analysevorgänge Prozesse der Informationsbeschaffung zu einem interessierenden Sachverhalt. Ihr Ziel ist es, mehr Erkenntnisse über den Untersuchungsbereich zu gewinnen und einen möglichst vollständigen Einblick in dessen innere Struktur, d.h. in die Art seiner statischen und dynamischen Zusammenhänge. Ergebnis der Problemanalyse ist somit ein erhöhtes Wissen, bessere Transparenz, klarere Strukturiertheit – eben ein größerer Informationsumfang – über das vorliegende Problem. Erst aus diesem «einsichtigen» Problemverständnis heraus lassen sich zielgerechte Lösungsstrategien entwickeln und die eigentlichen Problemschwierigkeiten eindeutig herausarbeiten.

Wirksames Problemlösen setzt voraus, daß ein *ganzheitliches* Problemverständnis erworben wird, das alle wichtigen Komponenten der problematischen Situation und deren Zusammenhänge einschließt. Analysevorgänge sollten deshalb so angelegt sein, daß sich der Problemlösende nicht in verwirrende Details verliert (daß er also den Wald vor lauter Bäumen nicht sieht), sondern das Problem klar in dessen wesentliche Elemente und deren Beziehungen zueinander gliedert.

Die nun beschriebenen Methoden

- Progressive Abstraktion,
- Hypothesenmatrix und
- KJ-Methode

verfolgen als besondere Methoden zur Ideenfindung auch analytische Ziele, indem sie darauf ausgelegt sind, Kernfragen in problematischen Sachverhalten und Gefügezusammenhänge von Problemstrukturen aufzudecken.

Progressive Abstraktion

□ *Methodische Grundlage*

Die Methode Progressive Abstraktion, deren Konzeption im Ursprung auf H. GESCHKA zurückgeht, verfolgt im wesentlichen zwei Erkenntnisziele [20]:

- Herausarbeiten der Beziehungen zwischen einem gegebenen Problem und dem Zielsystem des Problemlösenden,
- Aufzeigen jener Maßnahmenebene, auf welcher Lösungen die wirkungsvollsten Beiträge zur Zielerreichung leisten.

Die Progressive Abstraktion übt gewissermaßen eine Kontrolle darüber aus, ob die vorläufige Problemdefinition den wirklich wesentlichen problematischen Tatbestand erfaßt, oder ob nicht Problemauffassungen gefunden werden können, die grundsätzlichere und weiterreichende Lösungen anregen.

Dabei wird in mehreren Formulierungsstufen versucht, von möglicherweise oberflächlichen und ungenauen Problemauffassungen zu exakteren, zielbezogenen «Kerndefinitionen» vorzustoßen.

□ *Vorgehensweise und Beispiel*

In der einfachsten Form sieht die Progressive Abstraktion vor, auf ein gegebenes Problem die Fragestellung

«Worauf kommt es eigentlich an?»

wiederholt anzuwenden und sich dabei jedesmal um Antworten grundsätzlicher Richtigkeit zu bemühen. Aus diesen Antworten wird sodann das Problem der jeweils nächsthöheren Abstraktionsstufe formuliert. Hierzu werden dann Lösungsmöglichkeiten erarbeitet und der Prozeß so lange weitergeführt, bis man zu solchen

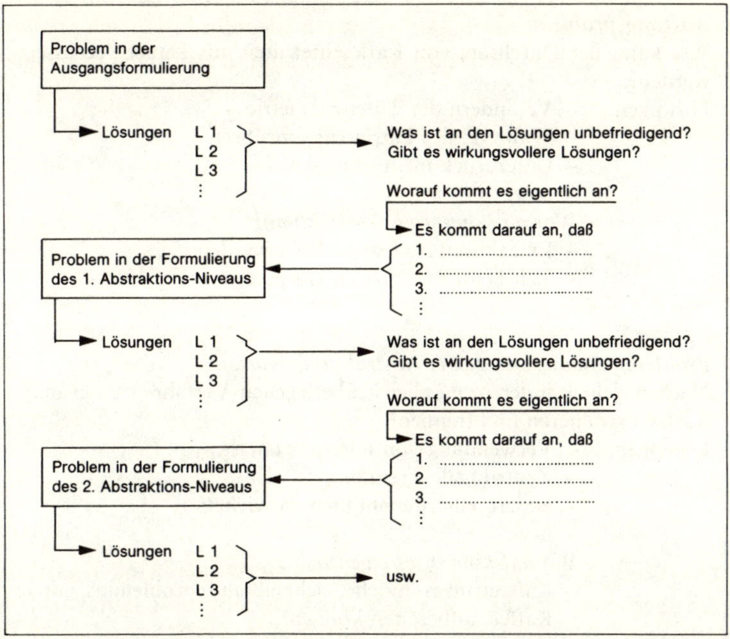

Bild 2.5 Schematischer Verfahrensablauf der Methode Progressive Abstraktion

Lösungsansätzen vorgedrungen ist, die den Gegebenheiten des Problems am besten entsprechen.

Das Vorgehen bei der Progressiven Abstraktion soll in Bild 2.5 schematisch veranschaulicht werden. Ein konkretes Beispiel zeigt Bild 2.6.

□ *Durchführungsempfehlungen*
Die Anwendung der ergründenden Fragestellung «Worauf kommt es eigentlich an?» kann leicht zu Problemdefinitionen führen, die den möglichen Maßnahmenbereich des Problemlösers überschreiten. Nimmt man etwa an, daß im Beispiel von Bild 2.6 ein Unternehmen die Progressive Abstraktion eingesetzt hat, das sich mit der Herstellung von Filtersystemen befaßt, dann ist es recht unwahrscheinlich, daß dieses Unternehmen z.B. ohne weiteres

Ausgangsproblem:
Wie kann der Durchsatz von Kaffeefiltertüten aus Papier verbessert werden?
Lösungen:
- Verändern der Tütengeometrie
- Während des Filtrierens umrühren
- Unterdruck im Auffanggefäß
- usw.

→ *Worauf kommt es eigentlich an?*
- Extraktionsgrad soll erhöht werden
- Zeit beim Extrahieren einsparen
- ....

Problemformulierung des 1. Abstraktions-Niveaus:
Nach welchen anderen, möglichst überlegenen Verfahren kann man Kaffee extrahieren und trennen?
Lösungen:
- Verwendung von Filterpatronen
- Zentrifugale Trennung
- andere Filtermembranen entwickeln
- usw.

→ *Worauf kommt es eigentlich an?*
- Kaffeetrinker möchte schnell und problemlos guten Kaffee aufbereiten können

Problemformulierung des 2. Abstraktions-Niveaus:
Nach welchen Verfahren läßt sich rascher guter Kaffee aufbereiten?
Lösungen:
- Verbesserte Instantkaffee-Qualitäten
- Schnellerhitzer für heißes Wasser
- Flüssiges Kaffeekonzentrat entwickeln
- usw.

→ *Worauf kommt es eigentlich an?*
- Der Kaffeetrinker schätzt die anregende Wirkung des Kaffees und möchte nach Belieben darauf zurückgreifen können.

Problemformulierung des 3. Abstraktions-Niveaus:
Wie kann man dem spontanen Bedarf nach Kaffeegenuß jederzeit gerecht werden?
Lösungen:
- Neue Techniken aromaschützender Fertigkaffeespeicherung
- Neue Formen des Kaffeegenusses, z.B. als Bonbon
- usw.

→ *Worauf kommt es eigentlich an?*
- usw.

Bild 2.6 Beispiel für die Anwendung der Methode Progressive Abstraktion

spezielle Bonbons als neue Formen des Kaffeegenusses (eine Lösung auf dem 3. Abstraktions-Niveau) entwickeln und vertreiben könnte.

Im Einzelfall ist es deshalb vielfach sinnfälliger, die allgemeine Fragestellung «Worauf kommt es eigentlich an?» durch speziellere Fragestellungen zu ersetzen, die sich stärker am Zielsystem und an den Realisierungsmöglichkeiten des Unternehmens orientieren. Solche spezielleren Fragestellungen können unter Umständen als Checkliste von genereller Anwendbarkeit (d.h. von einem auf das andere Problem übertragbar) entworfen werden.

Hypothesenmatrix

□ *Methodische Grundlage*

Auch die Hypothesenmatrix zielt nicht primär auf die Generierung von Lösungen zu einem gegebenen Problem ab, sondern ist eine Methode zur analytischen Durchdringung komplexer Sachverhalte, zur Transparentmachung von Verknüpfungen und zum Aufdecken latenter Probleme. Natürlich können die dabei gewonnenen Informationen in vielen Fällen auch unmittelbar in die Lösungsfindung des vorliegenden Problems einfließen.

Der typische Anwendungsfall für die Hypothesenmatrix ist die Analyse der vorhandenen Verflechtungen, das Aufzeigen aller Beziehungen und Wechselwirkungen zwischen zwei komplexen Gegenstandsbereichen, formal einmal Bereich A und Bereich B genannt. Häufig bleiben uns bei solchen «Interdependenz-Analysen» wesentliche Zusammenhänge verborgen, und unsere gewohnte Sichtweise verhindert das notwendige Entdecken bisher latenter Verknüpfungen.

Hier nun einige Beispiele zu Fragestellungen, wie sie in der Praxis auftauchen können und für deren Beantwortung die Hypothesenmatrix besonders gut geeignet ist:

- Wie wirken sich die Gestaltungselemente einer Verpackung (Bereich A) auf das Kaufverhalten einer bestimmten Zielgruppe (Bereich B) aus?
- Welche von gegebenen Produktionsbedingungen (A) verursacht das Erscheinen eines bestimmten Produktionsfehlers (B)?

- Welcher Bedarf an neuen Dienstleistungen für private Haushalte (A) entsteht durch die zunehmenden Ferienreiseaktivitäten (B)?
- Wie sind Fertigungseinrichtungen (A) so zu gestalten, daß sie das Unfallrisiko im Ermüdungsfall (B) reduzieren?

□ *Vorgehensweise*
Um bisher unentdeckte Beziehungen zwischen den interessierenden Bereichen A und B analytisch aufzuzeigen, werden über diese Bereiche nun jeweils eine Vielzahl unterschiedlichster Aussagen getroffen, die auf gesichertem Wissen beruhen, aber auch hypothetisch und spekulativ sein können. Diese Aussagen – bei komplexen Bereichen mögen es bis zu hundert sein – werden dann in der Kopfzeile und Vorspalte einer Matrix wie in Bild 2.7 angeordnet.

Was nun folgt, ist «Knochen-Arbeit»: Jede Aussage des Bereichs A ist mit jeder des Bereichs B zu konfrontieren und daraufhin zu beantworten, ob zwischen beiden Beziehungen bestehen. Ist dies sicher oder wahrscheinlich, dann wird in das entsprechende Feld der Matrix ein Kreuz eingetragen. Auf diese Weise ergeben sich in den Zeilen und Spalten unterschiedliche Kreuzhäufungen. Vertiefende Untersuchungen werden vordringlich nun zu jenen Aussagen unternommen, bei denen überdurchschnittlich viele Zusammenhänge angezeigt sind. Der Vorteil der Hypothesenmatrix besteht vor allem darin, daß sie den Problemlöser zwingt, Sachverhalte unter sehr vielen Aspekten zu betrachten und so zu neuen Einsichten führt, die die Grundlage ebenso neuer Lösungswege sein können.

□ *Durchführungsempfehlungen*
Um möglichst viele und üblicherweise übergangene Beziehungen zwischen den untersuchten Gegenstandsbereichen aufzuzeigen, ist es vorteilhaft, die jeweiligen Aussagen über A und B von mehreren (fachkundigen) Personen zusammentragen zu lassen. So wird die Wahrscheinlichkeit erhöht, daß bereits im Ansatz vielfältigere Informationen Eingang in die Hypothesenmatrix finden, als wenn sie von nur einem Problemlöser angelegt würde.

		Aussagen über Bereich A											
		A1	A2	A3	A4	A5	A6	A7	A8	A9	…	…	…
Aussagen über Bereich B	B1									×			
	B2		×	×									
	B3								×				
	B4												
	B5					×			×				
	B6									×			
	B7				×								
	B8	×						×					
	B9				×								
	…										×		
	…												

Bild 2.7 Aufbau einer Hypothesenmatrix

Bei der Auswertung kommen durchaus nicht nur einfache Ankreuzungen in Frage, sondern man kann die Aussagefähigkeit einer Hypothesenmatrix durch qualifiziertere Kennzeichnung der Beziehungen zusätzlich anheben. Die in Bild 2.8 vorgegebenen Beispiele sollen Anregungen zu anderen Verknüpfungssymbolen als reinen Kreuzmarkierungen geben.

□ *Beispiel*
Die nachstehende Anwendung der Hypothesenmatrix ist der Battelle-Forschungsarbeit «Methoden und Organisation der Ideenfindung» [20] entnommen, die der Verfasser wesentlich mitgestaltete.

Dabei wird die Hypothesenmatrix auf die Fragestellung bezogen: Welche Gemeinsamkeiten bestehen zwischen den Problembereichen «Umweltschutz und Umweltverschmutzung» (Komplexbereich 1) sowie dem «Bildungswesen» (Komplexbereich 2)?

	Aussagen zu Bereich A →					
	B \ A	1	2	3	4	……..
← Aussagen zu Bereich B	1			×		Zusammenhang zwischen A3 und B1
	2	←				A1 wirkt sich auf B2 aus
	3		↑			B3 wirkt sich auf A2 aus
	4				↲↑	Wechselseitige Beeinflussung A4/B4
	5			%		Kein Zusammenhang
	6	•	○	●		Geringer, mittlerer, starker Zusammenhang
	7	0,3			0,7	Korrelationsstärke des Zusammenhangs
	8		+	–		Positiver oder negativer Zusammenhang
	9	?				Beziehung fraglich
	10		!			Beziehung sehr bedeutungsvoll
	⋮					

Bild 2.8 Beispiele für Verknüpfungssymbole in der Hypothesenmatrix

Hypothesen zu Komplexbereich 1: Umweltverschmutzung und Umweltschutz

1. Umweltverschmutzung ist eine Folge der kostenlosen Darbietung der freien Güter Luft, Wasser und Land.
2. Durch Umweltverschmutzung nimmt die Qualität des Lebens ab.
3. Durch Luftverunreinigungen erhöht sich die Zahl der Erkrankungen der Atmungsorgane.
4. Durch Luftverunreinigung sinkt die Lebensdauer von Metallbeschichtungen auf etwa die Hälfte.
5. Durch Abwasserbelastung sinkt der Gegenwert der Selbstreinigungskraft von 100 km Niederrheinstrecke von ca. 7 Mrd. DM pro Jahr auf ca. 4 Mrd. DM pro Jahr.
6. Durch den ständig steigenden Energieverbrauch steigt der CO_2-Gehalt der Luft um jährlich 0,2%; die Auswirkungen dieser Anreicherung auf das Klima sind noch nicht erforscht.

7. Nach einer Umfrage halten 42 % der Bevölkerung die Luftverschmutzung für das größte Problem.
8. Nach einer Umfrage leiden 60 % der Bevölkerung der BRD unter Lärmeinwirkungen.
9. Durch Verunreinigung der Gewässer können die Kosten für Frischwasseraufbereitung auf das Vierfache ansteigen.
10. Durch die Luftverschmutzung ist die Sonnenscheindauer in den Städten um 15 % niedriger als in ländlichen Gebieten.
11. Für Umweltschutzmaßnahmen wurden in der BRD zwischen 1971 und 1975 etwa 70 Mrd. DM aufgewendet.
12. Umweltschutz erfordert internationale Zusammenarbeit.
13. Ohne Umweltschutzmaßnahmen würde nach der MIT-Prognose die Menschheit im Jahre 2200 aussterben.
14. Durch fehlende Umweltschutzgesetze erhält die Produktion umweltfeindlicher Produkte einen Kostenvorteil gegenüber umweltfreundlichen.
15. Nach einer Umfrage haben im Herbst 1971 92 % der Bevölkerung der BRD von Umweltschutz gehört; im September 1970 waren es demgegenüber nur 41 %.
16. Ein wirksamer Umweltschutz ist nur durch verantwortungsbewußtes Handeln aller Beteiligten – Produzenten und Konsumenten – möglich.
17. Wirksamer Umweltschutz erfordert die vorherige Erforschung von Wirkungszusammenhängen.
18. Umweltschutz verlangt nach interdisziplinärer Zusammenarbeit.
19. Umweltschutz wird häufig von «Sektierern» als Wiederherstellung vorindustrieller Zustände mißdeutet.
20. Umweltschutz bedeutet die qualitative Komponente im normalerweise quantitativ verstandenen Wachstumsprozeß.

Hypothesen zu Komplexbereich 2: Bildungswesen

1. Die Einrichtung einer systematischen Vorschulerziehung dient der Herstellung sozialer Chancengleichheit.
2. Intelligenz ist keine durch Vererbung determinierte Größe, sondern eine individuelle Variable.

3. Art und Häufigkeit von interpersonalen Kontakten im Kleinkindalter sind ein entscheidender Faktor für die Intelligenzentwicklung.
4. Die frühzeitige Konfrontation von Kindern mit Leistungsnormen behindert die Ausprägung vielseitiger Interessen und Begabungen.
5. Das Bewegungsbedürfnis der Kinder im Grundschulalter muß in der Unterrichtsgestaltung berücksichtigt werden.
6. Der Vorrang juristischen Denkens in den Schulverwaltungen behindert Innovationen im Bildungswesen.
7. Das Selbstverständnis der Lehrer und die Identifikation mit ihrem Beruf leiden unter der Abwertung ihrer Ausbildung als «halbakademisch».
8. Die Zusammenfassung verschiedener Schulen in Gesamtschulen erleichtert den Übergang zwischen verschiedenen Ausbildungsrichtungen.
9. Größere Schulen erlauben eine stärkere Differenzierung des Unterrichtsangebotes nach Begabungen und Interessen.
10. Kostspielige Unterrichtstechnologien können in Großschulen besser ausgenutzt werden.
11. Technikfeindliche Traditionen in der Lehrerbildung erschweren die Verbreitung der Unterrichtstechnologie.
12. Durch fehlende Fortbildungsmöglichkeiten für Lehrer wird die Einführung von Neuerungen im Schulwesen erschwert.
13. Durch Verwendung programmierter Lehrstoffe kann die Versagerquote stark gesenkt werden.
14. Auswahlantworten in Lehrprogrammen hindern die Entfaltung der Kreativität des Lernenden.
15. Die Konstruktionsantwort-Methode in Lehrprogrammen gibt dem Lernenden mehr Ausdrucksmöglichkeiten als die Auswahlantwort-Methode.
16. Verzweigte Programme führen zu einer besseren Individualisierung des Lernens als lineare Lernprogramme.
17. Die Entwicklung und Erprobung eines einstündigen Lernprogramms erfordert zwischen 50 und 500 Stunden Arbeit.
18. Die operationale Definition von Lernzielen ist Voraussetzung für die Erfolgskontrolle nach dem Lernprozeß.

19. Die Qualität von Lernprogrammen ist abhängig von der Sachkenntnis und Unterrichtserfahrung des Programmautors.
20. Die Qualität von Lernprogrammen hängt von der Durchführung von Programmtests ab.
21. Bei schlechten Lehrprogrammen erreichen viele Schüler das Lernziel nicht; mit guten Unterrichtsprogrammen erreichen fast alle Schüler das Lernziel.
22. Die Lerngeschwindigkeit ist individuell verschieden.
23. Die individuellen Leistungserwartungen des Lehrers beeinflussen die Leistungen des einzelnen Schülers.
24. Unterricht ist ein vieldimensionaler, interpersonaler Vorgang.
25. Der Lernerfolg ist motivationsabhängig.

Aus diesen Hypothesen über die Komplexbereiche 1 und 2 wird nun die nachfolgende Hypothesenmatrix aufgebaut (Bild 2.9). Werden bei der Gegenüberstellung der Hypothesen aus beiden Komplexbereichen Berührungspunkte erkannt, so werden diese in der Matrix jeweils mit einem Kreuz kenntlich gemacht.

Überdurchschnittliche Häufungen von Kreuzen in der Hypothesenmatrix finden wir in der dritten Spalte sowie in der 17. Zeile. Dies bedeutet, daß der Inhalt der 3. Hypothese aus dem Bereich Erziehungswesen (K_2) in enger Verbindung zu mehreren Hypothesen des Problembereiches Umweltverschmutzung und Umweltschutz (K_1) steht. Ein ähnlich starker Zusammenhang ergibt sich für die Hypothese 17 des Komplexbereiches 1 zu Hypothesen aus dem Komplexbereich 2.

Aus den in der Hypothesenmatrix gefundenen Beziehungsanhäufungen bilden sich folgende Zusammenhänge zwischen «Bildungswesen» und «Umweltverschmutzung und Umweltschutz»:

☐ Hypothese 3 (Komplexbereich 2: Bildungswesen) in Verbindung mit den Hypothesen 7, 8, 12, 15, 16 und 18 aus dem Komplexbereich Umweltverschmutzung und Umweltschutz:

Interpersonale Kontakte sind nicht nur im Bildungswesen ausschlaggebend, sondern beeinflussen auch ganz entscheidend die Durchführbarkeit und den Erfolg von Umweltschutzmaßnahmen (Information der Bevölkerung, nationale und internationale Zusammenarbeit von Industrie und Behörden).

Hypothesen zu Komplexbereich 2: Erziehungswesen

Hypothesen zu Komplexbereich 1: Umweltverschmutzung und Umweltschutz

	1	2	3	4	5	6	7	8	9	10	11	12	13	14	15	16	17	18	19	20	21	22	23	24	25	Zeilensummen
1																										0
2				×																						1
3																										0
4																										0
5																										0
6																										0
7			×																			×				2
8			×																			×				2
9																	×									1
10																										0
11					×												×									2
12			×					×																×		3
13																										0
14	×											×				×		×								4
15			×						×													×				3
16			×					×																×	×	4
17					×													×	×	×				×	×	(6)
18			×					×																×		3
19						×																×				2
20																										0
Spaltensummen	1	0	(6)	1	2	1	0	3	1	0	0	1	0	0	0	1	2	2	1	1	0	4	0	4	2	

Bild 2.9 Hypothesenmatrix zu den Komplexbereichen «Umweltverschmutzung und Umweltschutz» und «Bildungswesen». Die Kreuze

□ Hypothese 17 (Komplexbereich 1: Umweltverschmutzung und Umweltschutz) in Verbindung mit den Hypothesen 5, 18, 19, 20, 24 und 25 aus dem Bereich Erziehungswesen:

Die Kenntnis von Wirkungszusammenhängen ist im Bereich des Umweltschutzes unabdingbare Voraussetzung für den Erfolg aller Maßnahmen; gleiches gilt auch für das Bildungswesen: Vor der Durchführung umfassender und langfristig gültiger Programme sollte in beiden Bereichen die Grundlagenforschung über Wirkungszusammenhänge intensiviert werden (Grundlagen der Lerntheorie, Pädagogik, Didaktik, Zusammenhänge zwischen Emission, Diffusion und Immission, Langzeitwirkungen von bioziden Chemikalien).

Die Prüfung nach weiteren Zusammenhängen aus der Hypothesenmatrix könnte noch erfolgen, ausgehend von den

Hypothesen 14 und 16 (Komplexbereich 1) sowie den
Hypothesen 22 und 24 (Komplexbereich 2),

da auch hier in den betreffenden Zeilen bzw. Spalten relativ häufig auf Verbindungen zwischen beiden Komplexbereichen geschlossen wurde. Auf eine weitere Untersuchung wird hier verzichtet.

KJ-Methode

□ *Methodische Grundlage*

Diese Methode, die nach dem japanischen Anthropologen Jiro Kawakita benannt ist und in Japan beachtliche Verbreitung gefunden haben soll, dient der intensiven analytischen Durchdringung komplexer Problembereiche und wird u. a. zur Formulierung wissenschaftlicher Hypothesen, zur Lösung ingenieurtechnischer Probleme und bei der Erarbeitung von Werbekonzeptionen angewandt. Die Methode hat insofern systemanalytischen Charakter, als alle relevanten Problemelemente erfaßt, ihr Zusammenhang in Substrukturen (Teilsystemen) dargestellt und wesentliche Beziehungen zwischen den Teilsystemen offengelegt werden.

Die Methode ist komplex, kann in zahlreichen Varianten (individuell und im Team) durchgespielt werden und ist relativ zeitaufwendig.

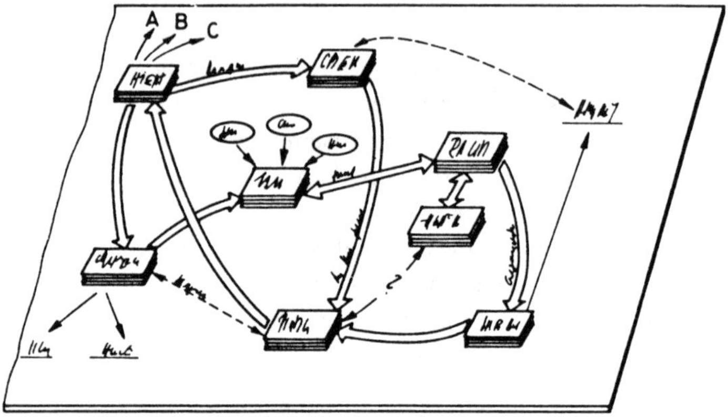

Bild 2.10 Aufbau einer «Problemlandschaft» mit der KJ-Methode

☐ *Vorgehensweise*

«Man beginnt die KJ-Methode damit, daß man zu einem vorgegebenen Problembereich möglichst viele Informationen sammelt und jede dieser Informationen auf ein kleines Kärtchen schreibt. Die Zahl der ausgeschriebenen Kärtchen ist nicht vorbestimmt und hängt weitgehend vom Problem ab. Einzelinformationen in der Größenordnung von 100 bis 200 mögen aber der für diese Methode richtige Umfang sein. Im nächsten Verfahrensschritt werden diese Kärtchen auf einer großen Tischfläche ausgebreitet; nun versucht man, solche Kärtchen zu kleinen Stapel zusammenzufassen, deren Informationsgehalte miteinander in Beziehung zu stehen scheinen. Für jeden dieser so entstehenden Stapel wird ein neues Deckkärtchen geschrieben, das den Inhalt der darunterliegenden Informationen als Oberbegriff erfaßt. Was vorher mit den Einzelkarten geschah, wird nun nochmals mit den kleinen Kartenstößen wiederholt. Die Zahl der verbleibenden Stöße hat sich dann bereits auf eine überschaubare Menge reduziert. Diese Kartenstapel, die wiederum oberbegrifflich benannt worden sind, werden nun daraufhin untersucht, welche Beziehungen und Abhängigkeiten zwischen ihnen bestehen (in dieser Phase hat die KJ-Methode systemanalytischen Charakter). Die gefundenen Beziehungen zwischen den einzelnen Kartenstößen werden nun vertieft und konkretisiert, indem auf die Einzelkarten der miteinander in Beziehung stehenden Kartenstöße zurückgegriffen wird. Auf diese Weise werden neue Einsichten gewonnen und Problemstellungen und Hypothesen formuliert» [21].

Mit der KJ-Methode lassen sich regelrechte «Problemlandschaften» entwerfen – wie in Bild 2.10 formal illustriert –, die auf anschauliche Art die Gesamtkomplexität eines Problems und mögliche Lösungsrichtungen einsichtig machen.

Systematisch-analytische Methoden zur Ideenfindung

Es wurde bereits diskutiert, daß die Methoden zur Ideenfindung nur auf sogenannte schlechtstrukturierte Probleme angewendet werden können. Diese Probleme sind u.a. dadurch gekennzeichnet, daß die Zahl und Art der möglichen Lösungen im vorhinein kaum abgesehen werden können und daß ebenso die – theoretisch vorhandene – optimale Lösung nicht a priori bestimmbar ist. Bearbeitet man ein schlechtstrukturiertes Problem, so kann also nie mit Sicherheit ausgeschlossen werden, daß es nicht noch bessere Lösungen geben könnte als jene, die man vorläufig gefunden hat.

Daraus folgt eine wesentliche Zielsetzung angewandter Ideenfindung: Zu einem gegebenen Problem sind möglichst viele Lösungswege aufzuzeigen, um die Wahrscheinlichkeit zu erhöhen, daß der relativ beste davon nahe am denkbaren Optimum liegt oder vielleicht sogar mit diesem identisch ist. Die Methoden der Ideenfindung wirken somit der Neigung entgegen, sich vorschnell mit einer gefundenen Lösung zu begnügen, ohne das Lösungsfeld intensiv nach besseren Alternativen abgesucht zu haben.

Wie jedoch sucht man mit Methoden zur Ideenfindung das Lösungsfeld zu einem gegebenen Problem durch? Wie wir schon bei den Heuristiken der Ideenfindung erwähnten, kann dies einmal durch die Anregung intuitiv-kreativer Gedankengänge erfolgen – man belegt das Lösungsfeld dann gewissermaßen mit einem

«Streufeuer» –, oder aber man versucht systematisch und konsequent, alle denkbaren Lösungsrichtungen herauszuarbeiten.

Mit Methoden, die den zuletzt genannten Weg einschlagen, den analytisch-systematischen Methoden zur Ideenfindung, wollen wir uns zunächst beschäftigen. Als repräsentative Vertreter werden dabei die Methoden

- Morphologischer Kasten,
- Sequentielle Morphologie,
- Attribute-Listing,
- Morphologische Matrix und
- Problemlösungsbaum

in ihren Grundzügen und Anwendungsbesonderheiten näher erläutert.

Morphologischer Kasten

☐ *Methodische Grundlage*

Bevor wir uns mit dem Morphologischen Kasten selbst auseinandersetzen, wollen wir kurz die Frage klären, was denn unter dem so geheimnisvoll klingenden Begriff «Morphologie» zu verstehen ist. Grundsätzlich kennen wir über Morphologie drei Auslegungen der Bedeutung, die nicht unwesentlich voneinander abweichen.

Das Wort «Morphologie» entstammt der griechischen Sprache und bedeutet in enger Übersetzung soviel wie «Lehre von den Gebilden, Formen, Gestalten, Strukturen» und deren zugrundeliegenden Aufbau- bzw. Ordnungsprinzipien. Etwas «Amorphes» ist ungeordnet, regellos und läßt in der Aufbaustruktur keine Gesetzmäßigkeit erkennen – wie beispielsweise amorphe Werkstoffe im Unterschied zu kristallinen, deren Gefügeaufbauten strengen Ordnungsgesetzen unterliegen.

In diesem Sinne können wir jede nach bestimmten Prinzipien hergestellte Ordnung als «Morphologie» bezeichnen und beispielsweise von einer «Morphologie der Kristalle» sprechen, wenn wir damit die geordnete Darstellung der unterschiedlichen Kristallsysteme – wir kennen das trikline, monokline, rhombische, tetragonale, kubische, hexagonale und trigonale System – mit ihren einzelnen Symmetrieklassen und Kristallformen meinen.

Überträgt man das Merkmal «Ordnung» auf das Denken, dann bedeutet Morphologie soviel wie «Lehre vom geordneten Denken». Dabei ist es Gegenstand der Morphologie, Denkprinzipien oder -regeln aufzuzeigen, deren Befolgung in problematischen Situationen ein zielgerichtetes, vernünftiges, richtiges Vorgehen ermöglicht. Da ferner jede Methode nichts anderes ist als eine Anweisung, «wie etwas getan werden kann», ist die Morphologie in diesem Sinne gleichbedeutend mit einer Methodenlehre, die für alle Fachbereiche gleichermaßen gültige Problemlösungsprinzipien bereitstellt – sie ist eine interdisziplinäre Methodologie.

Schließlich und drittens versteht man unter Morphologie die vergleichende Betrachtung zweier Ordnungen, Systeme usw. mit ihren Aufbau- und Wirkungsprinzipien, um aus dieser Gegenüberstellung besondere Erkenntnisse abzuleiten.

Zusammengefaßt läßt sich der Begriff «Morphologie» demnach deuten als eine

– nach bestimmten Kriterien hergestellte Ordnung,
– interdisziplinäre Methodenlehre,
– integrale, vergleichende Betrachtungsweise.

Als profiliertester Morphologe der Gegenwart gilt zweifellos der Schweizer Astrophysiker FRITZ ZWICKY, der 1974 verstarb. ZWICKY entwickelte eine ganze Reihe Methoden des «geordneten Denkens» [22], wie die Methode der systematischen Feldüberdeckung oder die Methode der gerichteten Intuition. Die größte Verbreitung fand jedoch die von ihm so genannte «Methode des Morphologischen Kastens».

ZWICKY verbindet mit dem Morphologischen Kasten einen wahrhaft hohen Anspruch, denn mit dieser Methode soll es möglich werden, zu einem gegebenen Problem ein «Totallösungssystem» aufzubauen, das alle denkbaren Lösungsmöglichkeiten oder -richtungen in geordneter Form enthält.

Diese Ideenvielfalt wird über die heuristischen Prinzipien der systematischen

– Zerlegung komplexer Sachverhalte in abgrenzbare Teile,
– Gestaltvariation von Einzelelementen,
– Kombination von Einzelelementen zu neuen Ganzheiten, zu neuen Gesamtlösungen erzeugt.

□ *Vorgehensweise*

Prinzipiell sollte die Handhabung der Methode des Morphologischen Kastens in diesen Schritten erfolgen:

1. Analyse, Definition und gegebenenfalls zweckmäßige Verallgemeinerung des Problems;
2. Bestimmung der Parameter des Problems. *Parameter* sind die bei *allen* Lösungen wiederholt auftauchenden Merkmale, die *unterschiedlich* gestaltet sein können. Es sind sozusagen die gemeinsamen Variablen. Ihr Auffinden wird über die Fragestellungen erleichtert:
   - Worin (Merkmale, Eigenschaften, Komponenten) können sich denkbare Lösungen unterscheiden?
   - Welche Lösungskomponenten lassen unterschiedliche Gestaltungen zu?
3. Anordnung der Parameter in der Vorspalte einer Tabelle. Nun werden für alle Parameter Ausprägungen gesucht, d.h. jene konkreten Ausgestaltungen, die sie theoretisch und praktisch annehmen können.

   Für diese Art der Anordnung ist die Bezeichnung Morphologischer «Kasten» eigentlich irreführend und unzutreffend. Sie hat sich aus einem räumlich dargestellten Beispiel mit drei Parametern (siehe Bild 2.11) gebildet und wurde auch für Morphologien mit mehr als drei Parametern beibehalten, die natürlich nicht mehr als «Kasten» aufgebaut werden können;
4. Jede mögliche Kombination je einer Ausprägung aus jeder Zeile stellt eine Lösung im Morphologischen Kasten dar, die beispielsweise mit einem Zickzack-Linienzug markiert werden kann.

   Die Form der kombinatorischen Lösungssynthese erzeugt zwangsläufig eine außerordentlich große Zahl von Alternativen. Immerhin enthält ein Morphologischer Kasten mit nur 6 Parametern und jeweils 10 Ausprägungen bereits 1 Million denkbarer Lösungen!
5. Das Herausfinden gut geeigneter Lösungen ist nun ein iterativer Prozeß, bei dem gedanklich sehr viele (Teil-)Kombinationen durchzuspielen sind. Eine gewisse Optimierung kann dabei erreicht werden, wenn es gelingt, anhand problemspezifischer

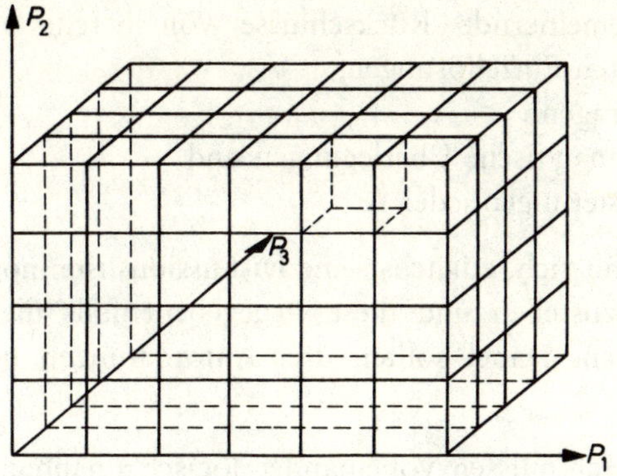

Bild 2.11 Formale, räumliche Darstellung eines Morphologischen Kastens mit drei Parametern

Kriterien zeilenweise die günstigsten Ausprägungen festzustellen und diese zur «optimalen Lösung der 1. Näherung» zu verbinden.

Man muß sich jedoch bewußt sein, daß auch «nichtoptimale» Ausprägungen durch besondere Kombinationsvorteile zu hervorragenden Gesamtlösungen führen können.

□ *Durchführungsempfehlungen*

Der Anwender wird sehr rasch bemerken, daß der mit Abstand kritischste Schritt bei der Erstellung eines Morphologischen Kastens das Auffinden der Parameter ist, und zwar in so logischer und vollständiger Form, daß die Aufgabenstellung durch den Satz der Parameter präzise erfaßt wird.

Leider gibt es keine zwingenden Regeln, wie – ausgehend von einem gestellten Problem – die Parameter eines Morphologischen Kastens herauskristallisiert werden können. Hierfür bietet sich lediglich eine Reihe von Hilfstechniken an, die primär auf die analytische Durchdringung der Problematik gerichtet sind und die Parameterfindung durch erhöhtes Problemverständnis begünstigen. Hilfstechniken in diesem Sinne sind

- Funktions- und Ablaufanalysen,
- Blockdiagramme,

- verallgemeinernde Rückschlüsse von bereits vorhandenen, konkreten Einzellösungen,
- «W»-Fragen,
- systemanalytische Überlegungen und
- Visualisierungen jeder Art.

Es empfiehlt sich, zunächst eine Diskussionsliste möglicher Parameter aufzustellen und diese – gegebenenfalls mehrfach – zu überarbeiten. Dabei sollten drei Anforderungen berücksichtigt werden:

- Parameter müssen voneinander logisch unabhängig sein. Sie dürfen sich nicht wechselseitig bedingen, da sonst die freie Kombinierbarkeit der Ausprägungen zu alternativen Gesamtlösungen beeinträchtigt wird.
- Die Parameter müssen auf alle denkbaren Lösungen zutreffen und dürfen nicht nur für eine Teilmenge gültig sein.
- Es sind nur Parameter mit konzeptioneller Relevanz in den Morphologischen Kasten aufzunehmen, aber nicht solche, die unwesentliche Details der gesuchten Lösungen beschreiben. Dadurch behält der Morphologische Kasten seine Übersichtlichkeit, und Auswahlvorgänge werden nicht unnötig durch «Ballast-Parameter» verkompliziert.

Einen tauglichen Morphologischen Kasten aufzubauen erfordert vom Anwender ein fundiertes fachliches Wissen über den betreffenden Problembereich, ohne das er in den meisten Fällen schnell scheitern wird. Dennoch kann ohne weiteres auch eine fachlich heterogene Gruppe an der Konzeption eines Morphologischen Kastens beteiligt sein, sofern ihre Heterogenität das Spektrum der durch die Parameter definierten Teilproblematiken überdeckt.

Im Hinblick auf Art und Gebiet der behandelten Probleme unterliegt der Morphologische Kasten keinen Einschränkungen. Nahezu jede Fragestellung läßt sich mit dieser Methode bearbeiten. Die Eigenschaft, sehr viele Informationen in verdichteter Form aufnehmen zu können, verleiht dem Morphologischen Kasten dann besondere Vorzüge, wenn sehr komplexe Probleme zu attackieren sind. Hochkomplexe Probleme erfordern es in der Praxis allerdings häufig, daß man nacheinander mehrere Morphologische Kästen aufstellt, wobei die Parameter und Ausprägungen der Ausgangsmorphologie sehr hoch aggregiert sind und erst in den Folgekasten Teilkomplexe in größerer Detailliertheit aufgegriffen werden.

Für die praktische Arbeit kann es sehr vorteilhaft sein, Kärtchen (etwa im Format einer Lochkarte) zu verwenden, auf die man die Bezeichnung der Parameter und Ausprägungen schreibt. Die Kärtchen werden dann an einer großen Pinwand oder Magnettafel zum Morphologischen Kasten arrangiert. Auf diese Weise können nicht nur flexibel Korrekturen vorgenommen werden, sondern die Ausprägungskärtchen lassen sich so umstecken, daß beispielsweise grundsätzlich neue Lösungen eher in der linken Hälfte des Morphologischen Kastens stehen und die bereits bekannten eher rechts. Dabei können natürlich auch andere Ordnungskriterien gewählt werden.

□ *Beispiel*

Die Problematik, Parameter aufzufinden, stellt sich bei jedem Morphologischen Kasten wieder aufs Neue und Besondere. Dennoch wird der Praktiker durch häufige Anwendung größere Routine für diesen schwierigen Schritt gewinnen.

Zu dieser Routinegewinnung trägt sicher auch die Beschäftigung mit schon ausgearbeiteten Beispielen bei. Hierzu dienen die Morphologischen Kästen in den Bildern 2.12a bis c und die weiteren Beispiele im Anhang, deren Gegenstandsbereiche zur besseren Veranschaulichung bewußt recht unterschiedlich gewählt wurden.

Sequentielle Morphologie

□ *Methodische Grundlage*

Bei der Sequentiellen Morphologie handelt es sich um die Kopplung eines Bewertungsverfahrens in den Aufbau eines Morphologischen Kastens. Diese methodische Erweiterung verleiht dem Morphologischen Kasten als Problemlösungsinstrument einige zusätzliche Vorteile, indem dadurch

- die Bestimmungen der wesentlichen Parameter sicherer und eindeutiger vorgenommmen werden können, und

Parameter ↓	Ausprägungen → 1	2	3	4	5	6	7	8
Wasserspeicher	Behälter		Durchlauf					
	integriert	fremd						
Energie-Quelle	Elektrizität				Gas	Öl, Benzin	(Holz-) Kohle	chemische Energie
	Netz	Akku	Mikrowelle	Induktion				
Heißwassertransport	Steigrohr	Schwerkraft	Pumpe	von Hand	kein			
Extraktion	Filter	Patrone	Beutel	offenes Gemisch				
Trennung	keine	Absetzen	Filter	zentrifugal	elektromagnet.			
Speicherg. Fertigkaffee	keine	Behälter						
		integriert	fremd					
Warmhaltung	Wärmeplatte el.	Flamme			Behälterisolation	keine		
		Kerze	Gas	Benzin				
Entnahme	von Hand	Auslaufhahn	Schöpfprinzip					

- - - - derzeit verbreitete Lösung — · — · interessante Alternative

Bild 2.12a Morphologischer Kasten über Gestaltungsmöglichkeiten von Kaffeemaschinen mit $3 \times 8 \times 5 \times 4 \times 5 \times 3 \times 6 \times 3 = 129\,600$ konzeptionellen Alternativen

Parameter	Ausprägungen					
Plan-Umsatz-Wachstum	Wie letzte 5 Perioden	Konsolidierung	Branchenmittel	Gleich Brutto-SP	Circa 5 % p.a.	Größer 5 % p.a.
Plan-Umsatz-Rendite	Wie Vorjahr	Konzerndurchschnitt	Zwischen 4–5 %	Größer 5 %		
Angestrebte Produktstruktur	Schwerpunkt Güter	Güter + begl. DL	Güter- u. DL-Mix	Schwerpunkt Dienst-L.		
Angestr. Produktkomplexität	Komponenten	Baugruppen	Subsysteme	Komplex-Systeme	Ausgewog. Mix	
Technol. Leistungsebene	Low-Tech	Middle-Tech	High-Tech	Nachfrageorientiert		
Künftige Markt-Schwerpunkte	Bisherige Märkte	+ Umwelt Luft/Boden	+ Umwelt Wasser			
Orient. Fertigungstiefe an	Erstellungskosten	Wertschöpfung	Schwesterfirmen	Vorhand. Einrichtg.	Auslast.-Schwankg.	
Schwerpunkt d. Leist.-Erstellg.	Eigenständig	Konzern-Kooperat.	Koop. mit Dritten			
Status im Konzern	GB wie bisher	Ausweitung zu Unt.-Ber.	Ausglied. in GmbH			
Angestrebte Marktstellung	Preisführersch.	Technol.-Führersch.	Umsatzführersch.			

Bild 2.12 b Mögliche strategische Alternativen bei der Suche nach neuen Tätigkeitsbereichen eines Geschäftsbereiches im Konzernverbund

Parameter	Ausprägungen							
Zuckerart	Rohr-zucker, braun	Rohr-zucker, weiß	Rüben-zucker, braun	Rüben-zucker, weiß	Frucht-zucker			
Zuckergestalt	Brocken, Kandis	Pellets	Korn	Pulver	Tablette, gepreßt	Gestalt-Gemenge		
Verpackungs-gewicht	5 g	20 g	50 g	100 g	250 g	500 g	1 Kilo	2,5 Kilo
Verpackungsform	Beutel	Würfel	Brick	Tetraeder	Zylinder	Dose	Sack	Faß
Verpackungs-material	Papier	Karton	Kunststoff	Glas				
Öffnungs-prinzip	Zerstören	Entfalten	Öffnung freilegen					
Kennzeichnung	Druck	Prägung	Etikett auf Verp.	Anhänger	Siegel			

Bild 2.12c Morphologischer Kasten über Angebotsformen von Haushaltszucker

– die Schwierigkeit abgebaut wird, aus der Fülle der morphologisch aufgezeigten Lösungen die im Hinblick auf das Problem geeignetsten Alternativen zu identifizieren.

Die Anwendung der Sequentiellen Morphologie setzt eine klare Definition des angestrebten Problemlösungszieles voraus, da aus diesem die in die Morphologie einzuarbeitenden Bewertungskriterien abzuleiten sind [23].

□ *Vorgehensweise und Beispiel*

Das Arbeiten mit der Sequentiellen Morphologie geschieht zweckmäßig in dieser Stufenfolge:

1. Analyse und Definition des Problems. Skizzierung aller Parameter, die potentielle Lösungen bestimmen.
2. Nun sind aus der Aufgabenstellung jene Bewertungskriterien abzuleiten, nach denen die Qualität aufzufindender Lösungen zu beurteilen ist.
3. Die Bewertungskriterien werden gemäß ihrer relativen Bedeutung innerhalb des Zielsystems gewichtet. Dabei kann dem gewichtigsten Kriterium der Wert 1,0 zugeordnet werden, den anderen entsprechend niedrigere Werte.
4. Als nächstes gilt es, den qualitätsgestaltenden Einfluß der Parameter abzuschätzen und in einer Wertziffer auszudrücken. Dieser Schritt ist zweifellos der am schwierigsten durchzuführende; er wird durch folgende Überlegungen deutlich:

   Jeder Parameter definiert einen ganz bestimmten Lösungsbestandteil, der sich auch in der Bewertung einer Lösung mehr oder weniger stark niederschlägt. Es kann also über jeden einzelnen Parameter eine Aussage gemacht werden, welche konzeptionelle Bedeutung er innerhalb einer potentiellen Gesamtlösung hat. Dies soll an einem einfachen Beispiel – Kauf eines Anzugs – veranschaulicht werden:

   Parameter zur morphologischen Darstellung aller Alternativen (Anzüge) sind

   P 1 = Stoffqualität
   P 2 = Schnitt
   P 3 = Muster

Die Kaufentscheidung ist unter diesen Kriterien zu fällen (Gewichte in Klammern):

K 1 = Eleganz (1,0)
K 2 = Lebensdauer (0,4)
K 3 = Preis (0,8)

Für Parameter und Bewertungskriterien werden die in Bild 2.13 eingetragenen Korrelationen abgeschätzt:

	K 1 (1,0)	K 2 (0,4)	K 3 (0,8)
P 1	0,3	0,7	0,9
P 2	0,9	0,0	0,4
P 3	0,8	0,0	0,1

Bild 2.13 Korrelationsmatrix für Parameter und Bewertungskriterien

Aus Bild 2.13 geht hervor, daß z.B. das Gestaltelement «Schnitt» zum Bewertungskriterium «Lebensdauer» in keinerlei Beziehung steht (0,0), während zwischen Stoffqualität und Preis ein enger Zusammenhang vermutet wird (0,9).

Die Parameter erhalten demnach diese Wertigkeiten:

$$P\ 1 = 0{,}3 \cdot 1{,}0 + 0{,}7 \cdot 0{,}4 + 0{,}9 \cdot 0{,}8 = 1{,}30$$
$$P\ 2 = 0{,}9 \cdot 1{,}0 + 0{,}0 \cdot 0{,}4 + 0{,}4 \cdot 0{,}8 = 1{,}22$$
$$P\ 3 = 0{,}8 \cdot 1{,}0 + 0{,}0 \cdot 0{,}4 + 0{,}1 \cdot 0{,}8 = 0{,}88$$

Somit ergibt sich, daß der Parameter «Stoffqualität» in diesem kleinen Entscheidungsproblem mit der Wertziffer 1,30 als der wichtigste anzusehen ist.

5. Sind alle Parameter nach dem eben gezeigten Prinzip in eine Rangreihe gebracht worden, beginnt der Aufbau eines Morphologischen Kastens mit den beiden wichtigsten Parametern (1. Sequenz). Für beide werden alle denkbaren Ausprägungen aufgelistet.
6. Dann ermittelt man die optimale Ausprägungskombination der beiden Hauptparameter unter Einbeziehung der Bewertungskriterien, die hoch mit diesen Parametern korrelieren. Die

Ausprägungskombination der Hauptparameter stellt sozusagen die Kernstruktur der Lösung dar, die nun noch weiter auszubauen ist.

7. Schrittweise (sequentiell) wird nun jeweils der nächstwichtige Parameter angekoppelt und seine günstigste Ausprägung der Kernstruktur hinzugefügt, bis alle Parameter verarbeitet sind. Parameter mit sehr niedrigen Wertziffern können unbeachtet bleiben; sie sind für die Lösungsfindung irrelevant.

Auf den ersten Blick erscheint das Arbeiten mit der Sequentiellen Morphologie sehr viel aufwendiger als die Anwendung des «klassischen» Morphologischen Kastens. Bedenkt man jedoch, daß man als Ergebnis bereits die aus vielen denkbaren Alternativen konsequent herausbewertete optimale Alternative gewonnen hat, daß also die Entscheidungsphase mit bewältigt ist, dann kann sich der absolute Problemlösungsaufwand ohne weiteres reduziert haben.

Die Sequentielle Morphologie bietet sich als nützliches Instrument vor allem bei der Bearbeitung hochkomplexer Probleme an.

Attribute-Listing

☐ *Methodische Grundlage*

Die Methode Attribute-Listing steht mit dem Morphologischen Kasten in sichtlicher Verwandtschaft. Sie hat jedoch im Vergleich zu diesem einen engeren Anwendungsbereich: Die Methode wird meist dann herangezogen, wenn man ein bereits bestehendes Produkt oder Verfahren verbessern bzw. weiterentwickeln will.

Mit Attribute-Listing wird dann systematisch versucht, alle Ansatzmöglichkeiten für solche Verbesserungen aufzuzeigen. Es ist eine ideale Methode, wenn man die «Lebenskurve» eines Produktes verlängern will, indem man es mit einer interessanten Neuerung ausstattet, ohne daß eine grundsätzliche Neuentwicklung durchgeführt werden müßte. Das dominante Prinzip von Attribute-Listing ist das der systematischen Variation.

□ *Vorgehensweise*
Wie erwähnt, geht die Methode vom bereits bestehenden Produkt oder Verfahren, von einer ausgeübten Leistung, Strategie usw. aus. Dieser Gegenstand – zum Beispiel ein Produkt – wird nun in alle seine Merkmale aufgelöst und deren Ist-Zustand genau beschrieben. Dann sucht man nach allen Möglichkeiten, wie jedes Merkmal anders gestaltet oder ausgeführt werden könnte. Findet man dabei die eine oder andere interessante Variation, dann kann diese Bestandteil einer Neukonzeption werden.

Die Ablaufschritte von Attribute-Listing sind demnach so zu beschreiben:

1. Zerlegung eines Produktes, Verfahrens, einer Leistung usw. in seine bzw. ihre einzelnen Merkmale.
2. Beschreibung der derzeitigen Ausführungen aller Merkmale (Ist-Zustand).
3. Systematische Suche nach Variationsmöglichkeiten der Gestaltung eines jeden Merkmals.
4. Auswahl und Realisation interessanter Variationen.

□ *Durchführungsempfehlungen*
Von der Schwierigkeit her stellt die Anwendung von Attribute-Listing geringere Anforderungen als der Morphologische Kasten. Es ist daher eher möglich, in Gruppen zu arbeiten und Teilnehmer in den Ideenfindungsprozeß einzuschalten, die nicht als ausgesprochene Fachleute für die Problematik gelten.

Dabei ist es sinnvoll, wenn der Aufgabensteller die ersten Bearbeitungsschritte alleine vorbereitet, d.h. die Ausarbeitung des Ist-Zustandes (Auflistung der Merkmale des weiterzuentwickelnden Produkts, Verfahrens usw. sowie die derzeitigen Gestaltungsausführungen). Die Teilnehmer der Ideenfindungssitzung können dann gemeinsam Variationsmöglichkeiten für jedes Merkmal suchen. Dies kann vorteilhaft nach den Regeln des Brainstorming erfolgen.

□ *Beispiel*
Bild 2.14 zeigt die Anwendung des Attribute-Listing für die Gestaltung eines Buch-Romans. Bei einer variierten Durchführung

Merkmal	Derzeitige Lösung	Mögliche andere Gestaltung
Format	Rechtecke, Großoktav	Riesenformat, Miniformat, Trapezform, Halboval ...
Heftung	fest gebunden	Loseblatt, Endlosziehharmonika, Ringheftung, Nieten ...
Einband	fest geschlossen	durchbrochener Einband, ohne Einband, teilseitiger Einband ...
Einband-material	Karton	Textil, Kork, Kunstleder, Metallfolie, Emaille ...
Wendefolge der Seiten	Blättern von rechts und links	Blättern von unten nach oben, bedruckte Rolle ...
Darbietung des Inhalts	reine Schriftform	Zusatzbilder, Sprechbilder ...
Inhalt	nur Romantext	zusätzlich: Werbung, Rätsel, Leerblätter für Notizen ...

Bild 2.14 Attribute-Listing für die Gestaltung eines Buchromans

der Methode (Bild 2.15) wird versucht, die Ideenfindung von vorneherein stärker in bestimmte «Wunschrichtungen» zu lenken. Entsprechende Zielvorgaben werden dann in einer gesonderten Spalte neben der Spalte «Derzeitige Lösungen» vermerkt.

Morphologische Matrix

□ *Methodische Grundlage*

Ebenso wie der Morphologische Kasten dient auch die Morphologische Matrix – Synonyme für diese Methode sind «Problemfelddarstellung» und «Erkenntnismatrix» – der strukturierten, systematischen Verarbeitung komplexer Problematiken, und ebenso wie der Morphologische Kasten wird sie aus Parametern und Ausprägungen aufgebaut. Der wesentliche Unterschied besteht jedoch nun darin, daß die Ausprägungen jeweils entlang der Kopfzeile *und* der Vorspalte einer Matrix eingetragen werden.

Merkmal	Derzeitige Lösung	Erwünschte Entwick- lungs- richtung	Mögliche andere Gestaltung
Teile	Patrone Spitze Stift, Kappe	weniger Teile	integrierte Patrone (Einweg-stift); Spitze und Stift ein Teil, Patrone eingepreßt;
Quer- schnitt	achteckig	griffig	rund, mit gerändelter Greifzone; oval; rund mit Längsrillen;
Durch- messer des Stifts	gleich- bleibend	markante Form	Durchmesserveränderungen: 
Verschluß	Haftsitz von Kappe auf Stift- spitze	fester Sitz	Gewindeverschluß; Bajonett-verschluß; Rasterring;
Material	Thermo- plast, unbe- handelt	exklusive Wirkung	Aluminium; metallisieren; eloxieren;
Farb- anzeige	Kappen- farbe	eindeutig	Kappe und Stift in Schreibfarbe;
Halterung	an Kappe angespritz- ter Clip	stärker belastbar	Metall-Clip; Haltekettchen;
– – –	– – –	– – –	– – –

Bild 2.15 Attribute-Listing «mit Zielvorgabe» [24]

Auf diese Weise werden Alternativen nicht wie beim Morphologischen Kasten durch einen Linienzug gebildet, sondern jeder Kombination der Ausprägungen ist ein Feld der Morphologischen Matrix zugeordnet.

Im einfachsten Fall baut sich eine Morphologische Matrix aus zwei Parametern und ihren Ausprägungen auf. Diesem Muster folgt als sehr bekanntes Beispiel auch das *Periodische System der Elemente*, das aus den Parametern

P1 = Zahl der Elektronen auf der äußeren Elektronenschale
P2 = Zahl der Elektronenschalen

besteht (Bild 2.16).

P1 / P2	I	II	III	IV	V	VI	VII	0
1	H							He
2	Li	Be	B	C	N	O	F	Ne
3	Na	Mg	Al	Si	P	S	Cl	Ar
...	...	...	...	...	...	...	...	...

Bild 2.16 Das Periodische System der Elemente als Beispiel einer Morphologischen Matrix

Die Zuordnung einzelner Felder zu den Kombinationen der Ausprägungen verleiht der Morphologischen Matrix gegenüber dem Morphologischen Kasten bei der praktischen Problemlösungsarbeit einige Vorteile:

- Alle bereits bekannten Lösungen können eingetragen bzw. kenntlich gemacht werden (beim Morphologischen Kasten würde dies zu einer verwirrenden Vielfalt von Linienzügen führen).
- Widersinnige Kombinationen lassen sich als «Nullfelder» schraffieren. Sie scheiden aus weiteren Betrachtungen aus.
- Leerfelder treten sichtlich hervor und signalisieren Bereiche, zu denen noch keine Lösungen bekannt sind. (Im Falle des Periodischen Systems konnte aus den früher noch zahlreichen Leerfeldern die Forschungshypothese abgeleitet werden, daß noch unentdeckte Elemente existieren, deren chemische Eigenschaften – wesentlich determiniert durch die Zahl der Elektronen auf der äußeren Elektronenschale – sogar weitgehend voraussagbar waren. Bis heute konnten die meisten dieser Lücken geschlossen werden).

□ *Vorgehensweise*

Mit der Morphologischen Matrix arbeitet man in der Regel nach folgenden Schritten:

1. Exakte Analyse und Definition des Problems.
2. Bestimmung der Parameter, mit dem das Problem zielrichtig strukturiert und in Teilbereiche zerlegt werden kann. (Es ist vorteilhaft, wenn man sich dabei auf die wesentlichsten 2 Parameter beschränkt.)
3. Auflistung der Ausprägungen.
4. Bestimmung der Nullfelder (d.h. der widersinnigen, unrealistischen Kombinationen von Ausprägungen).
5. Kennzeichnung der Felder mit bereits bekannten Lösungen.
6. Hervorhebung der interessanten Leerfelder (hier gibt es noch keine oder nur sehr wenige Lösungen), die weiter untersucht werden sollen.

Natürlich läßt sich eine Morphologische Matrix durchaus mit mehr als zwei Parametern konzipieren, die Anlage der Methode setzt jedoch deren Zahl und der Zahl ihrer Ausprägungen enge Grenzen, da sonst die Matrix alle Möglichkeiten der Darstellung sprengt. Hierin liegt ein Nachteil im Vergleich zum Morphologischen Kasten. Wie man mit der Morphologischen Matrix mehrere Parameter verarbeitet, soll Bild 2.17 zeigen.

□ *Durchführungsempfehlungen*

Für die Morphologische Matrix gilt wie für den Morphologischen Kasten, daß sie nahezu auf alle Aufgaben- und Fragestellungen angewendet werden kann. Sie stellt auch in etwa gleichem Maße Anforderungen an die fachliche Qualifikation des Anwenders.

In der Regel ist die Auswertung einer Morphologischen Matrix sehr aufwendig, indem in sich noch hochkomplexe Felder durchgearbeitet und auf ihre Relevanz im Problemlösungszusammenhang beurteilt werden müssen (z.B. Beantwortung der Fragen: «Sind in den Feldern schon Lösungen enthalten?» oder «Ist ein Feld zur vertiefenden Untersuchung interessant genug?»). Hier kann man jedoch arbeitsteilig vorgehen und bestimmte Felder zuständigen Fachgruppen zur Analyse delegieren.

P 1 Markt			Sport		Werken		Sammeln		Muse	
P 2 Produktreife			fertig	halb-fertig	fertig	halb-fertig	fertig	halb-fertig	fertig	halb-fertig
Kinder		im Freien								
Kinder		im Haus								
Erwachsene	männlich	im Freien								
Erwachsene	männlich	im Haus								
Erwachsene	weiblich	im Freien								
Erwachsene	weiblich	im Haus								
P3 Zielgruppe		P4 Anwendung								

Bild 2.17 Segmente für Freizeitprodukte. Morphologische Matrix mit 4 Parametern

Die gründliche Durcharbeitung und Auswertung einer Morphologischen Matrix kann durchaus mehrere Wochen in Anspruch nehmen.

Wie beim Morphologischen Kasten ist in der Konzeptionsphase – aber auch in der Durcharbeitungsphase – die Benutzung von Kärtchen für Parameter und Ausprägungen, aber auch zur Kommentierung der Felder, eine gute Hilfe.

Die besondere Leistungsfähigkeit der Methode liegt darin, auch sehr komplexe Sachverhalte erfassen, gliedern und strukturiert darstellen zu können. Ferner zwingt die Methode den Anwender zu einer klaren und vollständigen Durchdringung der damit behandelten Probleme und gibt ihm dadurch die Sicherheit, keine denkbare Lösungsrichtung voreilig übersehen zu haben.

□ *Beispiel*
Die Morphologische Matrix ist nicht nur ein sehr brauchbares Instrument zur direkten Lösungssuche, sondern sie eignet sich auch hervorragend für die Initialstufen von Problemlösungsprozessen, nämlich für das Auffinden von zur Bearbeitung interessanter Problemstellungen, von Suchrichtungen, Chancen und Möglichkeiten, wohin die Kräfte eines Unternehmens gelenkt werden könnten.

So wird in Bild 2.18 eine Morphologische Matrix herangezogen, um auf systematischem Wege Produktnischen zu vorgefertigten Bauteilen aufzudecken [25].

Auch mit der Morphologischen Matrix von Bild 2.19 wird versucht, Marktnischen aufzuzeigen, und zwar diesmal zu Kosmetik- und Hygieneprodukten. Der Ansatz erfolgte dabei über die Parameter «Zielgruppen» und «Anwendungszwecke». In diesem Beispiel wurden möglicherweise interessante Suchfelder für neue Produkte kenntlich gemacht.

P1 \ P2	Einzelelement	Funktionsgruppe	Raumzelle, roh	Raumzelle, voll installiert	Komplettfertigung
Keller					
Geschoß					
Dach					
Garage					

Bild 2.18 Morphologische Matrix über Vorfertigungsgrade beim Hausbau

P1 = Vorgefertigte Einheit
P2 = Gegenstand der Vorfertigung

Zielgruppe / Anw.-Zweck	Babies	alte Menschen	Autofahrer	Sportler	Manager	...
Make-up	int.?				int.?	
Male überdecken		int.?				
Wundbehandlung						
Körperreinigung			int.?			
Geruchsbindung	int.?			int.?		
...						

Bild 2.19 Morphologische Matrix zur Suche neuer Kosmetik- und Hygieneprodukte

Computergestütztes Problemlösen mit morphologischen Methoden

Die morphologischen Methoden bieten sich aus mehreren Gründen ideal zur Arbeit am Bildschirm an:

- Ihre fundamentalen Denkprinzipien sind auf nahezu allen Fachgebieten mit größtem Nutzen anzuwenden.
- Wie kaum ein anderes Instrumentarium verdeutlichen morphologische Methoden die Weite und Vielfalt von Lösungs- und Gestaltungsräumen.
- Sie erlauben Herangehen an Probleme beliebiger Komplexität.
- Während die nachfolgend beschriebenen intuitiv-kreativen Methoden zur Ideenfindung bevorzugt im Team angewandt werden sollten oder das Team zwingend voraussetzen (wie Brainstorming oder die Methode 635), sind morphologische Methoden eher für den einzelnen Problemlöser geeignet.
- Die Vorgehens- und Darstellungsweisen sind strukturiert.

Damit liegt es nahe, ein Softwareprogramm anzubieten, das dem Praktiker morphologisches Problemlösen speziell am Personalcomputer ermöglicht. Inzwischen steht ein solches Programm unter der Bezeichnung MORPHOS zur Verfügung. Sein Leistungsumfang wird am Ende dieses Buches näher beschrieben.

☐ *Methodische Grundlage, Vorgehensweise und Beispiel*
Die Methode Problemlösungsbaum ist ein Instrument, um alle sich zu einer Fragestellung anbietenden Alternativen zu erfassen und in geordneter Form darzustellen. (Auch Problemlösungsbäume sind also «Morphologien».)

Im äußeren Erscheinungsbild der Methode ist – wie der Name sagt – die Baumstruktur typisch, also die sich hierarchisch verästelnde Struktur.

Jede Verästelung erfolgt unter einem bestimmten Gesichtspunkt, d.h. nach einem bestimmten Kriterium zur Differenzierung des untersuchten Bereichs. Dabei wird man versuchen, solche Unterscheidungskriterien zuerst anzuwenden, die eine

– elementare, grundlegende Aufgliederung bewirken,

und erst in den späteren Folgeverästelungen solche, die

– weniger entscheidende Unterschiede zwischen den Alternativen beschreiben.

Eine Aussage darüber, welche Gliederungskriterien wichtig und welche weniger wichtig sind, kann jedoch nicht allgemein getroffen werden. Sie ergibt sich erst aus den besonderen Bedingungen des Anwendungsfalles. Bei der Ausarbeitung vieler Problemlösungsbäume läßt sich zudem die hierarchische Über- oder Unterordnung der Gliederungskriterien nicht eindeutig definieren, sondern deren Reihenfolge ist innerhalb gewisser Grenzen austauschbar.

Das Prinzip des Aufbaus eines Problemlösungsbaums geht aus Bild 2.20 hervor.

☐ *Durchführungsempfehlungen*
Eine Materie mit einem Problemlösungsbaum zu bearbeiten erfordert fundiertes Fachwissen über den jeweiligen Sachbereich. Das Hinzuziehen von Laien in eine Problemlösungsgruppe ist bei Anwendung dieser Methode wenig sinnvoll. Am günstigsten wenden

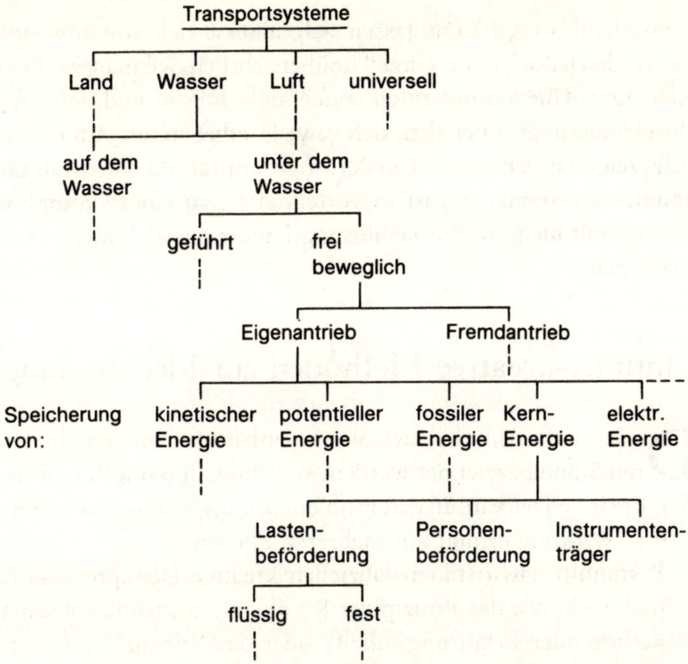

Bild 2.20 Problemlösungsbaum für Transportsysteme

- fachkundige Einzelpersonen, oder
- fachkundige Kleingruppen (2 bis 3 Teilnehmer)

den Problemlösungsbaum bei der Bewältigung komplexer Probleme an. Auch jetzt werden Kärtchen und Pinwand zur nützlichen Arbeitstechnik.

Auf relativ einfache Weise lassen sich Problemlösungsbäume mit einem Bewertungsverfahren koppeln. In diesem Falle werden den einzelnen Verzweigungen Wertangaben zugeordnet, zum Beispiel im Hinblick auf die Bedarfshäufigkeit einer Alternative, technische Realisierbarkeit oder Realisierungsproblematik, auf Wirtschaftlichkeit usw. – je nachdem, worin Gegenstand und Ziel des Problemlösungsprozesses liegen. Mit integriertem Bewertungsverfahren findet man für die Methode die Bezeichnung «Relevance-Tree».

Problemlösungsbäume lassen sich äußerst vielseitig anwenden. Sie werden jedoch dann schnell unübersichtlich, wenn mehr als vier oder fünf Gliederungsstufen aufeinanderfolgen und sehr feine Differenzierungen bei den sich jeweils ergebenden Alternativen aufgezeigt werden sollen. Um derartige, unpraktikable «Mammut-Bäume» zu vermeiden, ist es vorteilhafter, zu einem komplexen Sachverhalt mehrere Problemlösungsbäume parallel oder in Folge anzulegen.

Intuitiv-kreative Methoden zur Ideenfindung

Diese Methoden, die auch als «Kreativitätstechniken» im engeren Sinne bezeichnet werden, sind speziell daraufhin entworfen, kreative Denkansätze in Problemlösungsprozessen anzuregen.

Ihre Wirkung erfolgt auf mehreren Ebenen:

- Bestimmte Heuristiken vollziehen kreative Denkprozesse formal nach, wie das Prinzip der Kombination sachlich auseinanderliegender Erfahrungsinhalte oder das Prinzip der Übertragung von Analogien.
- Die Aufforderung zur Anwendung der Methoden in Gruppen verbreitert die Basis des in den Problemlösungsprozeß einfließenden Wissens, indem
  - mehrere Personen mit unterschiedlichen Erfahrungen ein Problem vereint angehen,
  - durch wechselseitige Assoziationen die Gedächtnisinhalte eines jeden Teilnehmers besser ausgeschöpft werden.
- Wissenschaftliche Erkenntnisse über den Ablauf von kreativen Denkprozessen sind in die methodischen Verfahrensrahmen eingebaut.
- Die Durchführungsempfehlungen zielen auf die Beseitigung psychologischer Blockaden gegen kreatives Denken (zum Beispiel die Eliminierung destruktiver Kritik oder die Aufforderung zu Phantasie und Spontanität).

Die Kreativitätstechniken konnten inzwischen in zahllosen Anwendungsfällen den Nachweis erbringen, daß es mit ihrer Hilfe gelingt, unser verkümmertes kreatives Talent methodisch zu aktivieren. Sie stellen Hilfsmittel dar, mit denen kreatives Problemlösungsverhalten systematisch erschlossen werden kann.

Darüber hinaus fördert die regelmäßige Anwendung dieser Methoden im Sinne eines Kreativitätstrainings die Entwicklung der individuellen kreativen Fähigkeiten zum autonomen Bestandteil der Persönlichkeit. Der Anwender wird also mit der Zeit aus sich heraus kreativer. Er kann sich mehr und mehr von den Methoden selbst lösen, die er vorher gewissermaßen wie eine «Denkprothese» gebrauchte. Er hat über diese Methoden die Prinzipien kreativen Problemlösens in seinen eigenen Denkansatz integriert.

Brainstorming

□ *Die Methodische Grundlage*

Die ersten Versuche mit Brainstorming reichen bis in die 40er Jahre zurück. Anstoß zur Entwicklung von Brainstorming war die Beobachtung von ALEX OSBORN [26], daß sehr viele Problemlösungskonferenzen recht unergiebig verlaufen. Er analysierte die Gründe für diese Ineffizienz und schlug mit Brainstorming ein Regelwerk vor, das die Konferenzblockaden ausschalten und das Problemlösen in Gruppen sehr viel produktiver machen sollte. Der durchschlagende Erfolg verhalf seiner Methode Brainstorming zu einer überaus raschen Verbreitung in den USA.

Auch hierzulande ist Brainstorming seit langem die am häufigsten angewendete Methode zur Ideenfindung, deren Produktivität vor allem darauf beruht, daß

- zur Lösung eines Problems das Wissen mehrerer Personen genutzt wird,
- denkpsychologische Blockaden ausgeschaltet werden,
- durch die Ausgrenzung restriktiver Äußerungen die Lösungsvielfalt erweitert wird,
- das Kommunikationsverhalten der Beteiligten gestrafft und «demokratisiert» wird,
- unnötige Diskussionen vermieden werden.

Gut geführte Brainstormings – so beweisen empirische Tests – können die Ergebnisse herkömmlicher Problemlösungskonferenzen um ein Mehrfaches übertreffen.

Brainstorming muß – neben seiner Verbreitung – auch deswegen als eine Grundmethode der Ideenfindung angesehen werden, weil das für Brainstorming typische gedankliche Problemlösungsverhalten, insbesondere die Zurückstellung negativer Kritik und die Entwicklung freier Phantasie, ebenso für die Anwendung aller anderen Kreativitätstechniken gefordert wird.

Für den Praktiker ist jedoch eine Gefahr der Anschein, daß man Brainstorming schon bei den ersten Versuchen perfekt beherrscht – daß es sich also um eine «leichte» Methode zur Ideenfindung handelt. Richtiger ist, daß man zwar rasch die wenigen Regeln des Brainstorming einzuhalten lernt, man jedoch – und dies wird durchaus nicht immer bewußt! – meist noch lange von den gewohnten Denkroutinen geleitet wird. Sich von diesen Routinen zu lösen ist in kurzer Zeit erfahrungsgemäß kaum möglich, sondern setzt einen Lernprozeß voraus.

Aus diesen Gründen darf man die mit den ersten Brainstormings erzielten Ergebnisse nicht zum absoluten Wertmesser für die Leistungsfähigkeit der Methode machen – was übrigens für alle Methoden zur Ideenfindung in gleicher Weise gilt! Vielmehr ist dem Praktiker bewußt zu werden, daß die Anwendung der Methoden eben im Sinne eines Lernprozesses auf unser Problemlösungsverhalten einwirkt, daß sich Kreativität nur allmählich entwickelt und man erst mit zunehmender Zahl der Anwendungsfälle zu qualitativ immer besseren Ergebnissen kommt.

Da das Brainstorming-Verhalten auch für andere Kreativitätstechniken gewissen Modellcharakter besitzt, soll diese Methode nun mit angemessener Ausführlichkeit erläutert werden.

☐ *Vorgehensweise*

Ein erfolgreiches Brainstorming beruht vor allem auf der Beachtung dieser 4 Grundregeln:

Regel 1: Jede Kritik oder Wertung an den geäußerten Ideen wird auf eine gesonderte, nachfolgende Phase verschoben.

Damit wird quasi ein Prinzip der Arbeitsteilung realisiert, das in einer strikten Trennung der Phase der Ideenfindung von der Phase der Ideenbewertung besteht.

Typische «Ideenkiller»
- Das mag zwar theoretisch richtig sein, aber …
- Damit kommen wir hier nicht durch.
- Wollen Sie das verantworten?
- Das ist doch längst bekannt!
- Ob wir dafür jemanden begeistern können?
- Viel zu teuer!
- Wenn Sie es gut finden – warum hat es dann noch kein anderer gemacht?
- Für diese Projekte haben wir keine Zeit (kein Geld, kein Personal …)
- Natürlich – Sie wissen es besser!
- Als Fachmann kann ich Ihnen sagen …
- Seien Sie erst mal einige Jahre hier …
- Ganz nett, aber unter Wirtschaftlichkeitsgesichtspunkten …
- Wir wissen, was unsere Kunden wollen!
- Das ist doch Wunschdenken!
- Ja, wenn das so einfach wäre!
- Das haben wir schon immer (noch nie) so gemacht!
- Da könnte ja jeder kommen!
- Dafür ist die Zeit noch nicht reif.
- Das ist nicht unser Bier.

Bild 2.21 Verbreitete Phrasen, um Ideen abzuwürgen

Diese Separierung von Kritik und Bewertung von der Ideenproduktion («deferred judgement») bewirkt, daß

- der Ideenfluß nicht unterbrochen wird,
- die Teilnehmer nicht frustriert oder blockiert werden, vor allem nicht durch unsachliche Kritik – sogenannte «Killerphrasen» (s. Bild 2.21),
- langatmige Diskussionen über das Für und Wider einer Idee unterbleiben.

Kritik kann sich übrigens nicht nur verbal äußern, sondern es gibt auch sehr destruktiv empfundene Formen der non-verbalen Kritik, wie etwa skeptisches Stirnrunzeln, Abwinken oder blasiertes Lächeln.

Regel 2: Die Ideen anderer Teilnehmer können und sollen aufgegriffen und weiterentwickelt werden.

Mit dieser Empfehlung wird offengelegt, daß die Teilnehmer an einem Brainstorming kein «Urheberrecht» auf ihre Beiträge geltend machen wollen. Vielmehr bieten sie ihre Ideen der Gruppe bewußt als «Spielmaterial» für Modifizierungen und neue Anregungen an.

Beim Aufgreifen der in ein Brainstorming eingebrachten Ideen sollte man stets daran denken, daß jede Idee – im Hinblick auf das Problemlösungsziel – eine Vielzahl von Aspekten zeigt. Einige Merkmale der Idee sind gewiß gut, andere scheinen als Lösungsbestandteil weniger geeinigt zu sein. Unser gewohntes Diskussionsverhalten geht dahin, zunächst an den negativen Aspekten anzusetzen, diese herauszustellen und an ihnen die Untauglichkeit der Idee zu beweisen (negative Kritik). Es ist jedoch sehr viel konstruktiver, an den positiven Aspekten einer Idee anzuknüpfen und zu versuchen, durch das Hinzufügen eigener guter Gedanken die Qualität der genannten Idee zu verbessern. Erst wenn man dies tut, gewinnt die Gruppe an Synergie, erst dann kann die Gruppe zu Ideen und Lösungen kommen, die jenen überlegen sind, die jeder Teilnehmer für sich alleine hätte hervorbringen können.

Regel 3: Die Teilnehmer können und sollen ihrer Phantasie freien Lauf lassen.

Diese Brainstorming-Regel gibt allen Teilnehmern die psychologische Sicherheit, daß keiner ihrer Beiträge – und sei er noch so halbfertig oder spekulativ – kritisierend zurückgewiesen wird, sondern daß jede Anregung willkommen ist. Es sollen also im Brainstorming nicht nur abgesicherte, qualitativ unantastbare Vorschläge gebracht werden – denn das sind ohnehin in der Regel nur die bereits bekannten und erprobten Lösungen. Vielmehr soll man in wechselseitigem Einverständnis im Brainstorming seinen Gedanken völlig freien Lauf lassen, mit ihnen spielen, experimentieren und spekulieren. Nur so lassen sich neue und originelle Ideen erzielen.

Die im Brainstorming eingeräumte gedankliche Freiheit ermöglicht auch die Teilnahme von Laien, d.h. von Nichtfachleuten bezüglich des gestellten Problems. Unter den Bedingungen des Brainstorming können gerade Laien aus ihrer ungewöhnlichen, von keiner «Betriebsblindheit» getrübten Sicht äußerst interessante und originelle Anregungen geben, die von den anwesenden Experten vorurteilsfrei aufgegriffen werden sollten.

Die Aufforderung zu freier Phantasie darf jedoch nicht so verstanden werden, daß man sich beliebig weit vom Thema entfernt – obwohl kleinere gedankliche Ausflüge nicht schaden. Verliert die Brainstorming-Gruppe dennoch das Thema einmal aus den Augen und verirrt sich in anderen sachlichen Bereichen, dann hat der Moderator die Gruppe wieder an das eigentliche Problem heranzuführen.

Regel 4: Es sollen möglichst viele Ideen in kurzer Zeit produziert werden.

Diese Aufforderung, im Brainstorming eher Wert auf die Ideenmenge als auf die Ideenqualität zu legen, hat durchaus ihre Berechtigung. Denn dadurch

- gewinnt der Gedankenfluß an Spontanität, und es werden mehr ungewöhnliche Ideen hervorgebracht (eine größere Ideenmenge erhöht also die Wahrscheinlichkeit, daß darunter auch ausreichend viele gute oder sehr gute Ideen sind),
- bleiben die einzelnen Beträge der Teilnehmer kurz und prägnant. Das Brainstorming artet nicht in langatmige Erklärungen und Monologe aus.

Je nach Problemstellung kann es ohne weiteres möglich sein, daß während eines 20minütigen Brainstormings zwischen 50 und 100 Ideen produziert werden.

☐ *Durchführungsempfehlungen*

1. Gruppengröße und -zusammensetzung

Die «ideale» Brainstorming-Gruppe umfaßt zwischen 5 und 7 Teilnehmer. Ist die Gruppe kleiner, ist oft das assoziative Potential zu gering für einen ausreichenden Ideenfluß. Ist die Gruppe größer, dann muß mit kommunikativen Störungen gerechnet werden (Durcheinanderreden; mangelnde Gelegenheit zur Wortergreifung führt zur Bildung kleinerer Diskussionsgruppen).

Es ist vorteilhaft, Gruppen im Hinblick auf das Problem interdisziplinär zu besetzen bzw. eine Mischung aus Fachleuten und Laien anzustreben.

Hierarchische Unterschiede zwischen den Teilnehmern können zu spürbaren Hemmungen in einem Brainstorming führen, bei einem offenen Mitarbeiterverhältnis muß dies jedoch nicht der Fall sein. Ähnliche Blockaden können auftreten, wenn sich in der Brainstorming-Gruppe eine exponierte Fachautorität befindet.

In geschlechtlich gemischten Brainstorming-Gruppen tauchen nicht nur häufig stimulierende Wettbewerbsphänomene auf, sondern die Ideenvielfalt profitiert auch durch die unterschiedlichen Einsichten der Geschlechter in einen problematischen Sachverhalt.

2. *Rollen der Gruppenmitglieder*

In der Regel unterscheiden wir den aktiven Brainstorming-Teilnehmer, den Moderator und den Protokollanten sowie den Problemsteller.

Der Moderator

Er hat keineswegs eine dominierende Rolle, sondern ist als «primus inter pares» zu verstehen. Seine Hauptaufgaben bestehen darin,

- die Gruppe in das Problem einzuführen, sofern (er) dies nicht (zusammen mit dem) der Problemsteller vornimmt,
- auf die Einhaltung der Brainstorming-Regeln zu achten,
- stille Teilnehmer zu aktivieren, dominierende zu dämpfen,
- durch Reizfragen nachlassende Ideenflüsse wieder zu stimulieren,
- darauf zu achten, daß sich die Gruppe nicht vom Thema entfernt,
- das Ende der Brainstorming-Sitzung anzusagen und sich bei den Teilnehmern für ihre Mitwirkung zu bedanken.

Es ist zweckmäßig, wenn sich der Moderator vor dem Brainstorming mit der zu behandelnden Problematik auseinandersetzt und diese strukturiert. So kommt er in die Lage, der Gruppe Impulse für unterschiedliche denkbare Lösungsrichtungen zu geben. Sachlich sollte der Moderator auf jeden Fall so zurückhaltend sein, daß die Teilnehmer nicht das Gefühl haben, sie würden in eine bestimmte Richtung manipuliert werden. Die Gefahr der «Richtungsgebung» besteht vor allem dann, wenn der Moderator gleichzeitig Problemsteller ist.

Der Protokollant
Die Protokollführung bei einem Brainstorming stellt an die Sachkenntnis ebenso hohe Anforderungen wie an das Auffassungsvermögen. Alle Beiträge der Teilnehmer sind genau zu verfolgen und das Wesentliche ihres Inhalts als Destillat festzuhalten. Der Protokollant darf auf keinen Fall Wertungen durchführen, indem er etwa bestimmte Ideen als unerheblich einschätzt und nicht erfaßt.

Zur Absicherung ist es empfehlenswert, das Brainstorming gleichzeitig auf Tonband aufzuzeichnen.

Gelegentlich wird die Protokollführung vom Moderator oder Problemsteller mit übernommen, und zwar für alle Teilnehmer sichtbar auf einem Flipchart.

3. *Einberufung eines Brainstorming*
Der Problemsteller sucht einen erfahrenen Moderator und spricht mit ihm das Problem durch. Beide stellen eine Wunschliste der Teilnehmer auf und treten mit diesen in Verbindung. Wer zum anberaumten Zeitpunkt seine Bereitschaft zur Teilnahme erklärt, erhält ein Briefing zugesandt, auf dem neben Ort und Zeit wichtige Daten über das Problem zusammengestellt sind.

Der für das Brainstorming ausgewählte Raum sollte störungsfrei sein und bequeme Sitzmöbel enthalten, die zu einer gelockerten Runde arrangiert werden können. Flipchart und Pinwand sind erwünscht, ggf. weitere Demonstrationshilfen und -flächen, falls der Problemsteller oder Moderator diese zur Erläuterung des Problems benötigen.

4. *Dauer eines Brainstorming*
Das eigentliche Brainstorming beginnt nach der Vorstellung, Analyse und Definition des Problems und läuft in der Regel zwischen 20 bis 40 Minuten, zuweilen auch erheblich länger.

Sinnvoller als die Vorgabe einer festen Zeit ist die Ausrichtung der Brainstorming-Dauer am Ideenfluß: Der Moderator beendet das Brainstorming dann, wenn auch durch verschiedene Reizfragen keine weiteren Ideen mehr provoziert werden und wenn er den Eindruck hat, daß die Teilnehmer «ausgebrannt» sind.

Übrigens ist es durchaus kein Schaden, wenn während des Brainstorming die eine oder andere Denkpause von 30 bis 60

Sekunden entsteht. Man sollte also in einer ersten solchen Pause das Brainstorming nicht gleich abbrechen.

5. Verarbeitung des Protokolls
Brainstorming liefert selten fertige Lösungen, sondern Ideen und Lösungsansätze, die zudem oft nur vage formuliert sind. Damit keine Sinnverluste entstehen, ist es empfehlenswert, wenn die Gruppe nach der Ideenfindung noch einmal gemeinsam das Protokoll durchsieht, um etwaige Unklarheiten durch eindeutige Formulierungen zu ersetzen. Dabei kann auch die Streichung erkennbar unrealistischer Vorschläge erfolgen.

Die weitere Behandlung der Ideen obliegt in erster Linie dem Problemsteller, der nun in eventuell kleinerer Expertengruppe (möglichst mit einem Fachmann, der auch beim Brainstorming dabei war) die verbliebenen Ideen weiter ausgestaltet, ordnet, gliedert und bewertet. Da ein erlebtes Brainstorming oft noch in den Köpfen der Teilnehmer «nachschwingt», sollte man diese bitten, später eingefallene Ideen dem Problemsteller nachzureichen.

□ *Beispiel*
Das überzeugendste Beispiel für Brainstorming ist sicherlich die Teilnahme an einer gut funktionierenden Sitzung mit erfahrenen «Brainstormern». Dies kann ein Buch als Medium natürlich nicht anbieten. Aber auch aus der Aufzeichnung eines Brainstorming-Verlaufs können wichtige Erfahrungen gewonnen werden, wie Brainstorming gestaltet werden sollte oder welches Verhalten den Brainstorming-Fluß stören würde.

Charles Clark hat in seiner Veröffentlichung «Brainstorming» das Arbeiten mit dieser Methode in überaus anschaulicher Weise beschrieben. Wir zitieren hieraus (in Auszügen) einen seiner geschilderten Anwendungsfälle [27]:

«Hier die Ausgangssituation: Die ‹Neuesten Nachrichten› sei eine Großstadtzeitung, die morgens erscheint und vor allem in den Vorstädten ihre Leserschaft hat. Im scharfen Wettbewerb mit anderen Massenmedien wie Rundfunk, Fernsehen, Wochenzeitschriften und anderen Tageszeitungen hat sie zu tun, ihre gute

Wettbewerbsposition beizubehalten. Man leitet eine großangelegte Werbeaktion ein, um die Auflageziffern in die Höhe zu treiben. Eine der dabei angewendeten Techniken, auf neue Einfälle zu kommen, sei Brainstorming.

Nachdem das Brainstorming auf Mittwoch angesetzt wurde, müssen die Einladungen von der Sekretärin spätestens am Montagmorgen verteilt werden. Teilnehmer, die noch nie ein Brainstorming mitgemacht haben, bekommen dazu ein eigens für sie vorbereitetes Informationsheft. Außerdem ist auf ihren Einladungen die Bitte vermerkt, schon zehn Minuten eher zu erscheinen, damit sie noch eine kurze Einführung über Brainstorming bekommen und irgendwelche Fragen stellen können.

Die Einladung lautet:

▶ *«Wie Sie wissen, unternehmen wir einen Anlauf, ungewöhnliche Wege zu finden, wie wir die ‹Neuesten Nachrichten› verbessern und ihre Auflage erhöhen können. Sie sind hiermit eingeladen, an einer Brainstorming-Sitzung über die folgende Frage teilzunehmen: Wie läßt sich die Auflage unserer Werktagsmorgenausgabe im Stadtzentrum erhöhen?»*

Dann ist Mittwoch. Die Brainstorming-Neulinge kommen im Sitzungszimmer zehn Minuten vor Beginn zusammen und erhalten noch einige kurze Erläuterungen. Um 12 Uhr trifft der Rest der Mannschaft ein, unser Vertreter des Verlagschefs setzt sich mit an den Tisch, irgendwo an seine Längsseite, nicht etwa an sein Kopfende. Seine Sekretärin ist ebenfalls erschienen – als Protokollführerin. Alle Teilnehmer werden einander vorgestellt und erhalten während eines leichten Imbisses mit kalten Platten, Obst und Kaffee Gelegenheit, einander etwas näher kennenzulernen und zu entspannen, und dann beginnt die Sitzung.

Der Mitarbeiter aus der Vertriebsabteilung gibt einen knappen Überblick über die Problematik des Verkaufs der Morgenausgabe im Zentrum. Er erklärt, daß seit dem Zweiten Weltkrieg viele der Leser des Blattes in die Außenbezirke umgezogen seien, daß das auch vielfach für ihre Geschäfte zutreffe, daß sie jetzt viel häufiger mit dem eigenen Wagen zur Arbeit führen und nicht mehr an Bahnhöfen und U-Bahn-Stationen angetroffen würden, wo sie sich früher ihre Morgenzeitung zu kaufen pflegten. Er weist darauf hin, daß seit der Preiserhöhung viele Leser, die sich früher mehrere Morgenblätter gekauft hätten, heute nur noch eines kaufen. Daß auch die Einschränkung des Pendelverkehrs bewirkt habe, daß jetzt viele mit dem Wagen zur Arbeit führen und daher während der Fahrt überhaupt keine Zeitung mehr lesen könnten.

Der Vorsitzende setzt feierlich die Glocke auf den Tisch mit der Aufforderung, sich ihrer beim Auftauchen von Killerphrasen ungeniert zu bedienen. Um sicherzugehen, daß auch alle verstehen, was damit gemeint ist, liest er noch einmal einige Beispiele von Killerphrasen vor: «Das geht einfach nicht!» «Bilden wir doch darüber lieber einen Ausschuß!» Vielleicht kichert nun der Mann aus der Fertigung, und unser Vorsitzender vermehrt die Beispiele nach einer kurzen Kunstpause um ein weiteres: «Dem Verlagsvertreter wird das nicht passen!» Und alle Teilnehmer lachen, einschließlich des Verlagsvertreters.

▶ *Nach kurzer Pause beginnt der Sportreporter: «Bringen wir doch eine Frühstückspausenausgabe heraus, und verkaufen wir sie zwischen neun und zehn Uhr morgens!»*

Jemand hängt sich daran mit den Vorschlägen: «Die Frühstücksholer könnten sie zum Verkauf anbieten. Das Blatt in Serviettenformat drucken! Bei uns aber nicht verteilen, der Herausgeber hält nichts von der Frühstückspause!»

«Halt, das ist eine Killerphrase!» ruft der Vorsitzende und läutet mit der Glocke. Alle lachen, und jetzt beginnt auch der Polizeiberichterstatter das Spiel aufzunehmen und meint: «Bis jetzt liefern wir unser Blatt nur in Hotelzimmer, warum sollten wir es nicht auch in Büros und Dienststellen liefern!»

«Man müßte es gleich auf den Tisch der Direktionsmitglieder bringen!»

Einer der jungen Anzeigenvertreter fällt ein: «Man müßte mit einer Kaffeerösterei einen Anzeigenvertrag schließen und dafür ihren Kaffee für die Frühstückspause propagieren!»

«Mehr Artikel für Geschäftsfrauen bringen!»

«Den Gedanken propagieren, daß es sich für die karrierebedachte Frau auszahlt, gut informiert zu sein!»

«Daß es sich auch in Form von mehr Männern auszahlen kann!» – die junge Protokollführerin hat die Lacher auf ihrer Seite.

«Kundinnen, die einen Einkaufsbummel planen, lesen Annoncen ebenso wie Nachrichten. Deshalb darauf achten, daß wir Zeitungen für sie bereithalten, wenn sie gegen zehn Uhr vormittags ihre Einkäufe beginnen. Den Gedanken propagieren, daß sie bessere Einkaufsmöglichkeiten ausfindig machen werden, wenn sie unsere Zeitung noch in der Straßenbahn oder im Bus lesen.»

«Eine Artikelserie aufziehen, wie man Babysitter auswählt und auch bekommt!»

Der Vorsitzende wirft ein: «Ganz guter Vorschlag, aber denken Sie daran, daß wir das Blatt schon morgen im Zentrum absetzen wollen!»

«Es gibt doch noch eine Menge anderer Schulen in der Stadt außer Hochschulen und Gymnasien, z.B. Realschulen, Berufsschulen usw. Man sollte versuchen, auch dort in den Unterrichtspausen Zeitungen anzubieten!»

«Dazu eine eigene Seite einführen, die für alle Schulgänger von Interesse sein würde!»

«… und zudem auch Geschäftsleute interessieren könnte!»

Eine Pause tritt ein. Unser Vorsitzender bleibt aber völlig ruhig. Ein paar Teilnehmer sehen wohl etwas bedrückt aus, aber die alten Brainstorming-Hasen bewahren Ruhe. Nach einiger Zeit wirft der Vorsitzende einen Gedanken ins Spiel, den er in Erwartung dieser Stockung vorsorglich in Reserve gehalten hat: «Die Zeitung an großen Parkplätzen zum Verkauf anbieten.»

«Zeitungsverkäufer an allen Punkten aufstellen, wo erfahrungsgemäß an den Einmündungen von Straßen ins Zentrum Autostauungen auftreten.»

«Überhaupt Verkehrsstockungen auszunutzen versuchen!»

«Eigene Lastwagen Verkehrsstockungen hervorrufen lassen!»

Gelächter.

«Aus jedem unserer Fahrer einen 1a-Zeitungsverkäufer machen!»

«Ja, aber erst müssen sie sich darauf verstehen, Verkehrsstauungen herbeizuführen!»

«Da erinnere ich mich an so eine Verkehrsstockung auf der Ringstraße», fällt ein Teilnehmer ein, «da stauten sich die Autos Hunderte von Metern und so lange, daß man mit Leichtigkeit ‹Krieg und Frieden› hätte lesen können. Ich kam damals eine Stunde zu spät zum Dienst. Meinen Chef hätten Sie hören sollen ...!»

Der Vorsitzende springt ein: «Das kenne ich! Ich habe auch schon dieselbe Ausrede gebraucht!» Alle sind amüsiert. «Darf ich noch einmal erinnern», fährt er fort, «daß wir Zeitungen im Stadtzentrum verkaufen wollen! Aber es war eine gute Idee, das mit der Ausnutzung von Verkehrsstockungen. Wir haben jetzt noch zehn Minuten. Versuchen wir, das Beste daraus zu machen!»

«Machen wir eine Schlagzeilenausgabe, die man schon am späten Abend, etwa um die Zeit, in der die Theatervorstellungen enden, verkauft.»

«Oder nach Fußballspielen und Boxveranstaltungen!»

Die Sitzung läuft weiter. Nach 25 Minuten liegen 72 Ideen vor ...»

☐ *Verbreitete Anwendungsmängel*

Bedauerlicherweise bleibt auch nach breiter Methodenschulung in den meisten Fällen lediglich das Brainstorming in betrieblicher Praxis. Andere Methoden, die vielleicht etwas trainingsbedürftiger sind und etwas ungewöhnlicher Denkschritte erfordern, werden – obgleich sie letztlich die kreativen Impulse auszulösen vermögen – leider nur allzuoft vernachlässigt. Wenn sich aber die Ideenfindungs-Praxis weitgehend auf Brainstorming beschränkt, dann sollte man wenigstens diese Methode zur Perfektion entwickeln. Dementgegen stellt man jedoch immer wieder erhebliche Anwendungsmängel fest. Die häufigsten – in ungeordneter Reihenfolge – sind:

- wenig vorbereitete Präsentation der zu behandelnden Problematik, ungenügende analytische Durchdringung und Hinterfragung der Sachzusammenhänge und Fehlen einer klaren, eindeutigen Zielformulierung;
- unzureichende Vorbereitung des Moderators, der deswegen die Sitzung mehr oder weniger verwaltet und kaum in der Lage ist,

durch spezifische Reizfragen eine breite Ideenvielfalt zu provozieren;

- Fixationen der Teilnehmer auf Moderator, Protokollant oder Problemsteller. Die Kommunikation zwischen den Teilnehmern ist nur schwach ausgeprägt, worunter die Synergie leidet;
- das Brainstorming verläuft zwar formal kritikfrei, die Teilnehmer können sich jedoch der inneren Verpflichtung nicht entledigen, nur «vernünftige» und «abgesicherte» Ideen zu äußern; zu wenig unbeschwertes, im Sinne des Wortes phantasievolles Denken;
- stete Neigung, in Fachdiskussionen auszubrechen;
- Dominanz der anwesenden Experten, die mit ihren Beiträgen explizit oder stillschweigend die gedanklichen Suchrichtungen vorgeben;
- die meisten Ideen bleiben auf einer unverbindlichen, manchmal sogar nichtssagenden Schlagwort-Oberfläche. Es fehlt an der kreativen Energie, interessante Details herauszuarbeiten, die neue Lösungsansätze letztlich erst kennzeichnen würden;
- es wird zu wenig visualisiert, was insbesondere zur Verdeutlichung technischer Ideen wichtig wäre. Dies gilt für Teilnehmer und Protokollanten;
- zu viele Gedanken werden nur wörtlich genommen. Es fehlt an Fähigkeit und Bereitschaft, symbolische Sinngehalte zu interpretieren. Hinzu kommen Hemmungen, symbolische Gedankenformen überhaupt zu äußern;
- der Protokollant versucht, bereits während des Brainstormings die aufkommenden Ideen zu ordnen und zu gliedern. Diese Vorstrukturierung der Gedanken beeinträchtigt jedoch die erwünschte Denkdynamik;
- das Brainstorming wird zu früh abgebrochen und beinhaltet häufig nur eine Zusammenfassung des Standes der Technik, ohne in eine eigentliche kreative Phase vorgedrungen zu sein;
- der Brainstorming-Begriff selbst ist unscharf. Alle möglichen Ideenfindungsformen (z.B. das Arbeiten mit Kärtchen) werden mit diesem Begriff belegt, wodurch eine bestimmte Regelunsicherheit entsteht.

Brainwriting, Methode 635

☐ *Methodische Grundlage*

Wie Brainstorming beabsichtigen auch die Brainwriting-Methoden [28] eine wechselseitige Anregung der Teilnehmer an einer Ideenfindungssitzung. Da die Ideen bei Brainwriting individuell niedergeschrieben werden und damit den anderen Teilnehmern nicht akustisch zur Kenntnis gelangen, sind deshalb besondere Austauschmechanismen für die aufgelisteten Ideen vorzusehen.

Die Methode 635 nach B. ROHRBACH [29], eine der bekanntesten schriftlichen Ideenfindungsmethoden, will vor allem erreichen, daß Ideen aufgegriffen und weiterentwickelt werden und sich so die Ideenqualität steigert. Die Aufforderung zum Aufgreifen von Ideen ist zwar auch eine Brainstorming-Regel, sie wird jedoch häufig nicht in gewünschtem Maße eingehalten. Hier stellen die Brainwriting-Verfahren eine gewisse Verstärkung dar.

Bei der Methode 635 schreiben
6 Teilnehmer jeweils
3 Ideen in Zeitabschnitten von je
5 Minuten
nieder, wobei die Teilnehmerzahl natürlich innerhalb gewisser Grenzen variiert werden kann.

☐ *Vorgehensweise*

Wie erwähnt, sind in der Grundform 6 Personen an der Anwendung der Methode 635 beteiligt. Jeder dieser Teilnehmer erhält ein Formblatt, das etwa so wie das Muster in Bild 2.22 aufgebaut sein kann.

Um eine gute Schreibunterlage zu haben, gruppieren sich die Teilnehmer am besten um einen ausreichend großen Tisch. Die Methode 635 läuft nun so ab:

1. Das Problem wird vorgestellt, besprochen und die genaue Problemstellung definiert.
2. Jeder Teilnehmer trägt in die oberste Zeile seines Formulars 3 Ideen ein. Dazu stehen 5 Minuten Zeit zur Verfügung.
3. Nun werden die Formulare reihum ausgetauscht, d.h., jeder Teilnehmer gibt sein Formular z.B. an seinen rechten Nebenmann und erhält das seines zur Linken sitzenden Nachbarn.

Problem: ________________		Datum: ____________ Blatt-Nr.: ___________

Bild 2.22 Beispiel für ein 635-Formular

4. Jeder Teilnehmer hat nun die ersten 3 Ideen seines Vorgängers vor sich. Er kann jetzt in der zweiten Zeile des Formulars wiederum 3 Ideen niederschreiben, die
   - eine Ergänzung der Vorgängerideen darstellen,
   - eine Variation der Vorgängerideen sind,
   - völlig neue, andere Ideen sind.

   Auch für diesen Schritt stehen 5 Minuten zur Verfügung.
5. Dann werden die Formulare erneut weitergereicht, und zwar in derselben Richtung wie beim ersten Rotationsschritt.
6. Das Verfahren ist beendet, wenn auch die sechste und letzte Zeile eines jeden Formulars mit Ideen aufgefüllt ist.

Im Idealfall ist die Methode 635 nach 30 Minuten abgeschlossen und hat $3 \times 6 \times 6 = 108$ Ideen zum Problem hervorgebracht. In der Regel ist jedoch mit folgenden Abweichungen zu rechnen:

- Es treten eine Reihe von Doppelnennungen auf, da schon in der ersten Runde dieselben, naheliegenden Ideen mehrfach aufgeführt werden.

- Gelegentlich verbleiben in den Zeilen Leerfelder, wenn ein Teilnehmer in der verfügbaren Zeit pro Runde nur auf eine oder zwei Ideen kam.
- Die Zeitintervalle sollten bei den späteren Runden etwas ausgedehnt werden (auf 6, 7 oder 8 Minuten), da dann erst einmal 9, 12 oder 15 Vorgängerideen durchgelesen und gedanklich verarbeitet werden müssen.

Bei der Durchführung der Methode 635 ist darauf zu achten, daß deutlich geschrieben und verständlich formuliert wird und daß störende Zwischengespräche vermieden werden.

□ *Durchführungsempfehlungen*

Die Anwendung der Methode 635 ist besonders dann zu empfehlen, wenn

- viele Personen gleichzeitig in einen Ideenfindungsprozeß eingeschaltet werden sollen. Es können dann mehrere 635-Gruppen gebildet werden,
- eine Problemlösungsgruppe «kritisch» ist, d.h. in der Diskussion Spannungen und Konflikte zu befürchten sind,
- die Gefahr besteht, daß dominante Personen z.B. ein Brainstorming beherrschen würden (bei der Methode 635 werden alle Teilnehmer in gleichem Maße aktiviert),
- die erwartbaren Ideen komplexer sind und mehrschichtige Denkprozesse erfordern (Diskussionen könnten dann die Denkabläufe stören).

Liegt ein Problem vor, dessen Lösungen am besten in (technischen oder anderen) Skizzen aufgezeigt werden können, dann ist es sinnvoll, für das 635-Formular ein Überformat – z.B. DIN A3 – zu wählen.

Die Methode 635 eignet sich recht gut, um in der Gruppe im Anschluß an die Ideenfindung eine Grobbewertung der Ideen vorzunehmen. Ein mögliches Vorgehen ist, daß alle Formulare noch einmal reihum kursieren und jeder Teilnehmer auf jedem Formular jene drei Ideen mit einem Kreuz kennzeichnet, die ihm am erfolgversprechendsten erscheinen. (Jedes Formular bekommt also insgesamt 18 Bewertungskreuze.)

Vorschläge, die sechs, fünf oder vier Kreuze auf sich vereinigen konnten, werden verlesen und von der Gruppe im Brainstorming-Verfahren noch weiter ausgestaltet.

Brainwriting-Pool

☐ *Methodische Grundlage*

Gegenüber Brainstorming hat die eben erläuterte Methode 635 die Vorteile, daß

- sie keiner besonderen Moderation bedarf. Es ist ausreichend, wenn sich ein Teilnehmer bereit erklärt, die Zeitintervalle zu überwachen (man kann hierzu auch eine Sanduhr in die Mitte des Tisches stellen),
- automatisch ein Protokoll entsteht,
- im Zweifelsfall nachgewiesen werden kann, welche Idee von welchem Teilnehmer stammt. (Aber: Bei Ideenfindungssitzungen in Gruppen sollte allgemein anerkannt werden, daß die erzielten Ergebnisse immer als Leistung der Gruppe gelten und nicht einzelnen Personen zugerechnet werden!)

In der Praxis wird von den Anwendern der Methode 635 jedoch auch als Nachteil genannt, daß diese Methode

- keine Rückfragen zuläßt und damit Ideenformulierungen mißverstanden werden können,
- von geringerer Stimulationswirkung als Brainstorming ist und die Teilnehmer nicht alle genannten Ideen zur Kenntnis erhalten,
- durch die Aufforderung, jeweils 3 Ideen in 5 Minuten zu entwickeln (und das 6mal hintereinander), eine gewisse Streßsituation aufbaut, die von vielen Teilnehmern als Denkblockade empfunden wird. (Auf andere Menschen kann jedoch Streß auch sehr produktiv wirken!)

Die Methode Brainwriting-Pool wurde als Alternative zur Methode 635 konzipiert und will einige dieser individuell empfundenen Nachteile ausräumen.

□ *Vorgehensweise*
Bei der Methode *Brainwriting-Pool* wird die Taktsituation der Methode 635 aufgehoben. Es sind auch keine besonderen Formulare erforderlich. Zu Sitzungsbeginn legt der Problemsteller auf die Mitte des Konferenztisches ein oder zwei Blätter, auf die bereits je drei oder vier mögliche Lösungen eingetragen sind. Die Teilnehmer – etwa vier bis acht – legen zunächst individuell so viele Ideen nieder, wie ihnen gerade einfallen. Wollen sie sich erneut stimulieren lassen, dann tauschen sie ihr Papier gegen eines der in der Tischmitte («Pool») befindlichen aus. Dieser Austauschprozeß kann von allen Teilnehmern beliebig häufig vorgenommen werden.

Brainwriting-Pool ist also dadurch gekennzeichnet, daß

- jeder Teilnehmer die Ideenproduktion seinen Möglichkeiten bzw. seinem Arbeitsrhythmus anpaßt,
- durch häufigen Formularaustausch jeder so gut wie alle Ideen der anderen Teilnehmer erfahren kann,
- sich die Dauer der Ideenfindungssitzung flexibel gestalten läßt (normal sind 20 bis 40 Minuten),
- keine besonderen Formulare herzustellen sind; es genügt liniertes Papier,
- jede Idee ohne Zeitdruck beliebig ausgestaltet werden kann,
- sich im Verlauf der Sitzung immer mehr vollgeschriebene Ideen-Blätter im Pool ansammeln. (Weitere Leerblätter für die Teilnehmer sind also bereitzuhalten.)

SIL-Methode

□ *Methodische Grundlage*
Die SIL-Methode wurde vom Verfasser entwickelt, um besonders die mögliche synergistische Mehrleistung von problemlösenden Gruppen auszuschöpfen. Solche synergistischen Effekte sind

- vor allem bei komplexeren Lösungen erzielbar, weil in diese sehr viele Einzelgedanken der Gestaltung einfließen können,
- besonders wünschenswert, wenn sich zu einem Problem nur eine begrenzte Zahl sinnvoller Lösungen anbietet und deshalb der Qualität jeder einzelnen Lösung große Bedeutung zukommt.

Bei der SIL-Methode wechseln Einzel- und Gruppenarbeit ab. Ihre Anwendung konzentriert sich vor allem darauf, die im Hinblick auf ein gestelltes Problem positiven, besonders nützlichen Anregungen der Sitzungsteilnehmer konsequent herauszuarbeiten und zu überlegenen Gesamtlösungen zu integrieren. «SIL» steht demzufolge für «Systematische Integration von Lösungselementen» [30].

□ *Vorgehensweise*

Günstig für die Anwendung der SIL-Methode ist eine Größe der Ideenfindungsgruppe von 6 bis 8 Teilnehmern. Nachdem das Problem ausführlich analysiert und präzise definiert wurde, entwirft jeder Teilnehmer für sich einen bereits möglichst detaillierten Lösungsansatz. Hierfür stehen etwa 10 bis 15 Minuten zur Verfügung.

Dann trägt der erste Teilnehmer seine Lösung der Gruppe vor; sie wird in Stichworten und eventuell ergänzenden Skizzen visualisiert. Anschließend wird diese Lösung gemeinsam diskutiert, und jene Elemente werden hervorgehoben, die allen als besonders vorteilhaft erscheinen. Daraufhin erläutert der zweite Teilnehmer seinen Vorschlag, der ebenso behandelt wird. Dann versucht die Gruppe, eine «erste integrierte Lösung» zu entwerfen, in die die Vorteile der ersten und zweiten Idee eingearbeitet sind.

Ist dies geschehen, stellt ein dritter Teilnehmer seine Lösung vor. Auch diese wird visualisiert und auf ihre speziellen Vorzüge hin untersucht. Die Gruppe bemüht sich dann erneut, auch die guten Aspekte dieser Lösung in eine weiterentwickelte «zweite integrierte Lösung» aufzunehmen, d.h. den vorteilhaften Aspekten der Lösungen 1 und 2 anzugliedern.

Nach diesem Prinzip wird so lange verfahren, bis die Ausgangslösungen aller Teilnehmer erläutert und verarbeitet wurden. Als Ergebnis erhält man einen (manchmal mehrere) ausgereiften Lösungsvorschlag, der eine echte Kooperationsleistung der Gruppe ist und in dem sich alle Teilnehmer mit ihren guten Gedanken wiederfinden.

Wie die individuellen Lösungen visualisiert und zu integrierten Lösungen verarbeitet werden können, zeigt Bild 2.23.

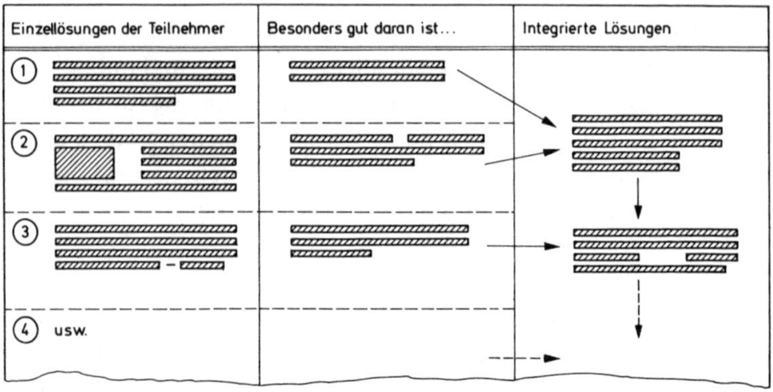

Bild 2.23 Darstellungsweise und Schema des Vorgehens bei der SIL-Methode

□ *Durchführungsempfehlungen*

Dem konzeptionellen Gedanken entsprechend sollte man die SIL-Methode dann anwenden, wenn ein Problem etwas komplexere Lösungen erfordert, wenn die potentielle Lösungsvielfalt begrenzt erscheint und wenn besonders hohe Qualität und Reife von Lösungen erwünscht sind.

Der Ideenfindungsprozeß mit der SIL-Methode stellt vom Ablauf her wesentlich größere Anforderungen an die Teilnehmer und vor allen Dingen an den Moderator, als dies etwa bei Brainstorming der Fall ist. Auch der benötigte Zeitaufwand liegt mit 2 bis 3 Stunden (eine oder zwei Pausen einschieben!) erheblich über dem Brainstorming-Maß. Dafür bietet die SIL-Methode durch die ausführliche und ausschließlich positiv gerichtete Würdigung aller Vorschläge jedem Teilnehmer befriedigende Erfolgserlebnisse, führt in der Regel zu sehr umfassenden, ausgereiften Lösungen und begünstigt deren Akzeptanz durch die Möglichkeit, daß sich jeder Teilnehmer mit diesen Lösungen durch die Art ihrer Entstehung identifizieren kann.

Synektik

☐ *Methodische Grundlage*

Autor der Methode Synektik ist der Amerikaner W. J. J. GORDON, der diese Methode auf der Grundlage intensiver Studien über Denk- und Problemlösungsprozesse entwickelte [31].

Mit der Methode Synektik werden kreative Prozesse in zweierlei Hinsicht simuliert:

☐ Die Schritte folgen dem Phasenverlauf natürlich ablaufender kreativer Prozesse, und zwar genau in der Reihenfolge

1. Vorbereitungsphase,
2. Inkubationsphase,
3. Illuminationsphase,
4. Verifikationsphase.

☐ Die grundlegende Heuristik der Ideengenerierung mit Synektik ist die der Übertragung problemfremder Strukturen bzw. die Kombination sachlich unzusammenhängender Wissenselemente. Dieses heuristische Prinzip ist formal identisch mit der verbreiteten Auffassung über das Wesen kreativer Akte, nämlich der Reorganisation von unterschiedlichem Wissen zu neuen Mustern.

Aus diesem Vorgang leitet sich auch der Name der Methode ab: «synechein» (griech.) = etwas miteinander in Verbindung bringen; verknüpfen.

Die Methode Synektik sollte in Gruppen angewandt werden, deren Zusammensetzung etwa mit Brainstorming-Gruppen identisch ist. Die Methode gilt als *die* Kreativitätstechnik schlechthin, stößt jedoch wegen ihres skurrilen Verlaufs in der Praxis (aus mangelnder Kenntnis der Wirkungsweisen der Methode) nicht selten auf eine gewisse Skepsis oder gar Ablehnung.

Diese Vorbehalte betreffen insbesondere die Verfremdungsphase, die im natürlichen kreativen Prozeß der Inkubationsphase entspricht. Ausgehend vom Problem spielt die Gruppe dabei eine Stufenfolge von Analogiebildungen durch, über die man sich sachlich immer weiter vom Problem entfernt. Die am Schluß dieser Kette gefundenen Begriffe dienen als Ausgangspunkte der Ideenfindung.

Phasen des kreativen Prozesses	Ablauf der Methode «Synektik»
Intensive Beschäftigung mit dem Problem – Strukturierung – Informationssuche – Problemverständnis erhöhen – Bemühen um Lösungen	1. Problemanalyse und -definition 2. Spontane Lösungen 3. Neu-Formulierung des Problems
Entfernung vom Problem – örtliche und zeitliche Verfremdung – Wechsel der Tätigkeiten – körperliche Entspannung	4. Bildung direkter Analogien, z.B. aus der Natur 5. Persönliche Analogien, «Identifikationen» 6. Symbolische Analogien, «Kontradiktionen» 7. Direkte Analogien, z.B. aus der Technik
Herstellung von Denkverbindungen – unterbewußte, ungehemmte Denkprozesse – Assoziationen – Strukturübertragungen	8. Analyse der direkten Analogien 9. Übertragung auf das Problem – «Force-Fit»
Spontane Lösungsideen – Illuminationen – Geistesblitz *Verifikation* – Überprüfen und Ausgestalten der Idee	10. Entwicklung von Lösungsansätzen

Bild 2.24 Ablaufschritte der Methode Synektik im Vergleich zum Phasenverlauf kreativer Prozesse

Es ist – wie erwähnt – eine wesentliche Komponente des kreativen Denkens, daß man sachlich entfernte Wissenselemente zu neuen Denkprodukten hoher Originalität rekombiniert. («Originell» hat dabei auch die Bedeutung, daß es sich nicht um «naheliegende» Denkschlüsse handelt, sondern daß entsprechende Gedankenverbindungen selten und ungewöhnlich sind.) Derartige Denkansätze will Synektik provozieren, indem die Methode den Problemlöser über den Verfremdungsprozeß vom Problem weg in völlig andere Sachbereiche führt, mit der Aufforderung, Wissen aus diesen Sachbereichen mit dem Problem in Verbindung zu bringen und daraus kreative Lösungsmöglichkeiten abzuleiten. (Dieser Übertragungsschritt wird im Angelsächsischen als «Force-Fit» – «Erzwungene Eignung» – bezeichnet. Der Problemlöser soll quasi mit Gewalt versuchen, die Eignung einer problemfremden Struktur als Lösungsanalogie zu einem gestellten Problem nachzuweisen.) [32]

□ *Vorgehensweise*

Wie exakt die Methode Synektik natürliche kreative Prozesse simuliert, geht aus Bild 2.24 hervor, in dem die Phasen eines kreativen Prozesses den Ablaufschritten von Synektik gegenübergestellt sind. Die eigentliche Ideenfindungsphase (Force-Fit; jene Phase, in der die letzten direkten Analogien mit dem Problem in Verbindung gebracht werden) sollte nach den Regeln des Brainstorming verlaufen.

Bei der Durchführung von Synektik ist es äußerst empfehlenswert, den Gesamtablauf – also auch den Verfremdungsprozeß – für alle Teilnehmer sichtbar an einer Tafel, an Flip-Charts oder am Overhead-Projektor zu protokollieren. Dies erfolgt am besten durch den Moderator selbst.

□ *Durchführungsempfehlungen*

Zweifellos stellt die Methode Synektik höhere Anforderungen an die Anwender als Brainstorming, da im Vergleich zu jener Methode

– der Verfahrensablauf durch die vielen Schritte komplizierter ist,
– das heuristische Prinzip der Strukturübertragung bzw. -kombination antrainiert werden muß, bis es auf effiziente Weise beherrscht wird,
– qualifiziertere Moderatorenfähigkeiten verlangt werden,
– Hemmungen zu überwinden sind, vor allem in der Phase der Bildung persönlicher Analogien.

Insgesamt gesehen ist die Methode Synektik relativ trainingsintensiv, und man sollte eine «ernsthafte» Synektiksitzung erst dann moderieren, wenn man sich in einer Reihe von Übungsfällen auf die

Besonderheiten dieser Ideenfindungsmethode eingestellt hat. Der versierte Anwender wird sie jedoch als besonders leistungsfähige Methode schätzen, mit der eine Fülle origineller Ideen hervorgebracht werden können.

Zeitaufwand

Eine Synektiksitzung verlangt mehr Zeitaufwand als die Durchführung eines Brainstormings. Einschließlich der Vorphase der Problemanalyse sollte man etwa einen halben Tag zur Verfügung haben. Dies ist jedoch nur ein grober Richtwert, der in Abhängigkeit vom Problem ohne weiteres über- oder unterschritten werden kann.

Aus diesem Zeitbedarf heraus wendet man Synektik in der Praxis vielfach erst dann an, wenn andere Lösungsversuche (Einzelarbeit, Brainstorming, Brainwriting o. a. Methoden) nicht schon zu guten Lösungen geführt haben.

Ablauf-Variationen

Während die 2. und 3. Analogien im Verfremdungsprozeß der Methode Synektik – die persönlichen und symbolischen Analogien – regelmäßig unverändert durchgeführt werden, kann man die Gegenstandsbereiche der 1. und 4. Analogien – der «direkten» Analogien – ohne weiteres und vorteilhaft problemabhängig variieren. Hier ist man keinesfalls an die Abfolge «erst Natur – dann Technik» gebunden.

Es gehört zur Aufgabe des Moderators, sich vor Ablauf einer Synektiksitzung Gedanken über die Bestimmung geeigneter Analogienbereiche zu machen. Leitlinien sind dabei:

- möglichst großer Verfremdungseffekt schon in der ersten Analogienstufe,
- hohe Reizqualität der vermutlich auffindbaren Analogien in der letzten Analogienstufe. (Hier kann der Moderator natürlich nicht mit Sicherheit die «richtige» Auswahl treffen. Aber er wird mit der Zeit ein einigermaßen verläßliches Fingerspitzengefühl für anregende Analogienbereiche entwickeln.)

Je nach Problem bieten sich als Analogienbereiche etwa an:

- Natur,
- Technik,

- Geschichte,
- Politik,
- Mythologie,
- Staatswesen,
- Wirtschaft,
- Kunst und andere.

Synektik muß ferner nicht zwingend in der Schrittfolge von Bild 2.24 durchgeführt werden, sondern es sind Rückkopplungen und Auslassungen bzw. Überspringen einzelner Stufen möglich. Zu solchen Variationen mag die verfügbare Zeit und die Art des gestellten Problems den Anlaß geben.

Verfremdungsprozeß
Häufig wird bei der Einführung in die Methode Synektik die Frage gestellt, ob man denn nicht auf den Verfremdungsprozeß verzichten könne, um statt dessen zufällig Begriffe zu suchen, die zum Ausgangspunkt der Lösungsfindung im Force-Fit werden. Nun, dies ist zwar möglich (und diese verkürzte Methode nennt man «Reizwortanalyse»), man verzichtet dann jedoch auf einige sehr positive Effekte des Verfremdungsprozesses, die darin bestehen, daß

- die Problemlöser sachlich Abstand vom Problem gewinnen und sich so von der Fixierung auf eine bestimmte Lösungsrichtung befreien können,
- Hemmungen und Blockaden in der Gruppe abgebaut werden,
- kreative Denkweisen sensibilisiert werden. Die persönlichen Analogien fördern das Einfühlungsvermögen in einen Problembereich, das als wesentliche Voraussetzung für das emotional-kreative Erfassen von Lösungsmöglichkeiten gilt [37]; die symbolischen Analogien entwickeln die Flexibilität, einen Sachverhalt unter anderen Gesichtspunkten zu sehen,
- problemtypische Strukturmerkmale (wenn auch sehr verborgen) weitergetragen werden und so die auf das Problem rückübertragenen Begriffe («Reizwörter») wahrscheinlich ergiebiger sind als zufällig ausgewählte.

□ *Beispiel*

Synektiksitzungen finden unter einer sehr aufgelockerten, offenen und auf produktive Weise humorvollen Atmosphäre statt, die ohne unmittelbares Miterleben schlecht vermittelt werden kann. Das vorstehende Beispiel kann also nur von der Sache her einen Eindruck geben, wie eine Synektiksitzung über die verschiedenen Stufen verläuft.

Problemstellung: Gesucht werden Möglichkeiten, wie sich Bilder rahmen lassen	
1. *Problemanalyse*	Es handelt sich darum, eine Deckplatte aus Glas möglichst einfach auf einem flachen Bildträger zu befestigen
2. *Spontane Lösungen*	Klammern, transparente Klebefolie, Saugnäpfchen am Bildträger usw.
3. *Neu definiertes Problem*	Wie eingangs, jedoch mit der Betonung, daß die Glasplatte sehr einfach wieder abgenommen werden kann
4. *Direkte Analogie* aus der Natur: Wechsel von Bedeckungen	Schneedecke schmilzt; Schlange streift ihre Haut ab; Wolken ziehen vorbei; Erosion; Geweih wird abgestoßen usw.
Davon ausgewählt:	Schlange streift ihre Haut ab
5. *Persönliche Analogie:* Wie fühle ich mich als häutende Schlange?	Es juckt mich am ganzen Körper; die alte Haut engt mich ein; bin neugierig, wie ich jetzt aussehe; endlich frische Luft; am liebsten hätte ich Hände usw.
Davon ausgewählt:	Die alte Haut engt mich ein
6. *Symbolische Analogien zu:* Die alte Haut engt mich ein	Bedrückende Hülle; schimmernder Panzer; würgendes Ich; lückenlose Fessel; unterdrückende Identität usw.
Davon ausgewählt:	Lückenlose Fessel
7. *Direkte Analogien* aus der Technik zu: Lückenlose Fessel	1. Leitplanken der Autobahn 2. Druckbehälter 3. Schienenstrang 4. Stierkampfarena 5. Radar-Warnsystem usw.

8. *Analyse* der zuletzt genannten Analogien mit dem Versuch, aus deren Strukturmerkmalen Lösungsideen abzuleiten (in Verbindung bringen mit dem Problem) (Die nachfolgenden Begriffe werden analog aufgearbeitet.)	1. Analyse «Leitplanke»; □ Blechprofil □ auf beiden Seiten der Autobahn □ verformbar Abgeleitete Ideen: □ Bildträger und Glasplatte werden in einem Profilrahmen verklemmt □ Halterungen (gleich welcher Art) werden nur an zwei Seiten angebracht □ knetartige Kugeln auf die Ecken von Bildträger und Glas drücken 2. Analyse «Druckbehälter»: □ steht unter Spannung □ geschlossenes Volumen □ Ein- und Auslaß Abgeleitete Ideen: □ Bildträger hat Greifkanten und ist leicht vorgekrümmt; dadurch erzeugt er selbst die Haltespannung, wenn er an das Deckglas angepreßt wird □ Träger und Glas werden in eine genau passende Tasche aus PE gesteckt □ Träger und Glasplatte haben an den Ecken Löcher und werden mit einer Art Druckknopf verbunden

Bild 2.25 Verkürzte Darstellung einer Synektiksitzung

TILMAG-Methode

□ *Methodische Grundlage*

Hinter dem seltsamen Namen «TILMAG» verbirgt sich die Abkürzung der komprimiert formulierten Vorgehensweise dieser Methode: Die Transformation idealer Lösungselemente in Matrizen zur Bildung von Assoziationen und Suche von Gemeinsamkeiten. Dies bedarf jedoch weiterer Erklärungen:

Ähnlich wie bei Synektik beruht das eigentliche Ideenfindungsprinzip von TILMAG auf der Übertragung von Merkmalen problemfremder Begriffe auf das vorgegebene Problem. TILMAG unterscheidet sich aber von Synektik insofern, als mit dieser Methode gezielt solche Begriffe aufgefunden werden sollen, die in besonderem Maße zu fruchtbaren Anregungen führen. Wie dies geschieht, sei anhand des nun folgenden Beispiels dargelegt [33].

☐ *Vorgehensweise und Beispiel*

Vorgegebenes Problem:

Beim Vertrieb von Tiefkühlkost ist zu gewährleisten, daß die Tiefkühlkette nicht unterbrochen wird.

Dennoch kann nicht ausgeschlossen werden, daß zum Beispiel aufgrund eines technischen Defektes ein Kühlaggregat zeitweise ausfällt und die Tiefkühlware antaut. Dieses Antauen könnte eventuell zu einem Verderb des Lebensmittels führen.

Da bei einem erneuten Einfrieren der Kunde das vorübergehende Antauen nicht oder nur schwerlich feststellen kann, soll eine «Tauwarnanzeige» entwickelt werden, die eine nur zeitweise Erwärmung des Gefriergutes bleibend anzeigt. Diese Tauwarnanzeige soll zunächst bei kartonverpackten Nahrungsmitteln – z.B. Spinat – Verwendung finden.

Schritt 1: Es sind die sogenannten «idealen Lösungselemente» (IL) zu definieren. Darunter verstehen wir jene Soll-Funktionen und Soll-Eigenschaften, die gesuchte Lösungen aufweisen müssen. Im Beispiel «Tauwarnanzeige» sind dies:

IL1: auf Temperatur reagieren
IL2: deutliche Anzeige
IL3: irreversibel
IL4: manipulationssicher
IL5: flächige Ausbildung

Hinweis: Die ILs sollen

1. problemspezifisch sein,
2. positiv formuliert werden,
3. im Ausdruck knapp, aber präzise sein,
4. maximal auf sechs Elemente begrenzt werden.

IL 1–(n–1) / IL n–2	auf Temperatur reagieren	deutliche Anzeige	irreversibel	manipulationssicher
flächige Ausbildung	Hautdurchblutung	Neonschrift	Steppenbrand	Geldschein
manipulationssicher	Schmelzsicherung	Siegel	Unterschrift	X
irreversibel	Schneeschmelze	Glasbruch	X	X
deutliche Anzeige	Flüssigkristall	X	X	X

Bild 2.26 Assoziations-Matrix zum Problem «Tauwarnanzeige»

Schritt 2: Aufstellen und Ausfüllen der Assoziations-Matrix
Diese Matrix wird zur «Organisationshilfe», um die gefundenen idealen Lösungselemente paarweise kombinieren zu können. Dabei werden die ILs in der Kopfzeile von 1 bis (n–1) eingetragen, in die Vorspalte von n bis 2.

Kombinationen mit sich selbst sowie Doppelfelder werden gestrichen. Dann werden zu jeder Begriffspaarung frei und spontan Assoziationen gebildet und in die entsprechenden Matrixfelder geschrieben.

Schritt 3: Ideenfindung (1)
Die in die Assoziations-Matrix eingetragenen Begriffe dienen nun als Reizwörter zum Anstoß von Ideen. Sie sind auf die enthaltenen Sinnbausteine hin zu analysieren, aus denen dann die Bildung von Lösungsansätzen zu versuchen ist.

Zum Beispiel:
Assoziation «Hautdurchblutung»
Analyse: Blut wird aus tieferen Schichten durch feine, kapillare Adern bis dicht unter die Hautoberfläche gebracht.

Lösungsgedanke: Eine Schicht gefärbte Flüssigkeit wird gefroren und mit einem (weißen) Vlies abgedeckt. Beim Auftauen schmilzt die Flüssigkeit und wird vom Vlies aufgesogen, das sich erkennbar durchtränkt.

Ass. 1–(n–1) / Ass. n–2	Hautdurchblutung	Schmelzsicherung, Schneeschmelze	Neonschrift	Siegel, Geldschein	Glasbruch
Steppenbrand	aktiv auf großer Fläche	flächiges Vernichten	Licht, leuchten	?	rasche Verbreitung
Glasbruch	es werden «Adern» sichtbar	?	Glas als Material	individuelle «Zeichnung»	X
Siegel, Geldschein	nicht fälschbare «Haut»	?	Schriftzeichen	X	X
Neonschrift	leuchtende «Adern»	?	X	X	X
Schmelzsicherung, Schneeschmelze	Absonderung von Tropfen	X	X	X	X

Bild 2.27 Gemeinsamkeiten-Matrix zum Problem «Tauwarnanzeige»

Assoziation «Schmelzsicherung»
Analyse: Ein feiner Draht, der unter leichter Vorspannung steht, zerreißt bei Überhitzung durch unzulässig hohe Stromstärke.

Lösungsgedanke: Ein Drahtfederring wird gespannt eingefroren. Beim Auftauen wird der Ring frei, entspannt sich schlagartig und zerstört dabei z.B. eine Farbmembran in einem Sichtfenster.

Assoziation «Schneeschmelze»
Analyse: Komplizierte Schneekristall-Strukturen lösen sich zu Wasser auf und bilden sich nicht wieder zurück.

Lösungsgedanke: Es wird ein «Eisbild» erstellt und unter ein Fenster an der Verpackung gebracht. Das Eisbild zerläuft irreversibel bei einer kritischen Temperatur.

Schritt 4: Die gefundenen Assoziationen können nun – mit Hilfe einer weiteren Matrix – auf Gemeinsamkeiten untersucht werden. Tauchen in zwei Assoziationen identische Sinnstrukturen auf, dann könnten diese für die Entwicklung von Lösungen besonders relevant sein.

Damit die Gemeinsamkeiten-Matrix nicht zu umfangreich wird, ist es sinnvoll, sinngleiche Assoziationen nur einmal zu berücksichtigen oder zusammenzufassen.

Schritt 5: Ideenfindung (2)
Es ergibt sich aus dem als Gemeinsamkeit erkannten Merkmal: *Aktiv auf großen Flächen:* Gesamte Verpackungsfläche zur Anzeige nutzen, z.B. durch Bedrucken mit irreversibler Thermofarbe.

Es werden «Adern» sichtbar: Eine Kontrollfläche auf der Verpackung «altert» unter Temperatureinwirkung, d.h. versprödet, zeigt Risse, unter welchen eine Warnfarbe sichtbar wird.

Nicht fälschbare «Haut»: Eine Membran in einem Sichtfenster enthält eine Art «Wasserzeichen», das im Temperatur-Schmelzbereich sichtbar wird, usw.

Es ist empfehlenswert, der TILMAG-Methode ein Brainstorming voranzustellen, das die spontan verfügbaren und naheliegenden Ideen erst einmal abschöpft. Die Ideenfindungssitzung ergibt dann insgesamt Ideen aus

1. dem «Vor-Brainstorming»,
2. den Anregungen durch die Assoziationen,
3. den Anregungen durch die gefundenen Gemeinsamkeiten.

Die TILMAG-Methode wird bevorzugt im Team angewandt, kann jedoch auch in Einzelarbeit praktiziert werden.

Vergleicht man die Leistungsfähigkeit von Synektik und TILMAG, dann ergeben sich zwischen beiden Methoden so gut wie keine Unterschiede. Wegen der vordergründig rationaleren Vorgehensweise findet TILMAG in der Praxis der Ideenfindung jedoch nicht selten den Vorzug.

Semantische Intuition

Die Wirkungsweise dieser Methode beruht auf dem Phänomen, daß das Hören oder Lesen eines Begriffs unserer Sprache gleichzeitig und intuitiv eine mehr oder weniger plastische gedankliche Vorstellung über das Wesen dieses Begriffes hervorruft (Semantik = Lehre über die Bedeutung der Begriffe einer Sprache).

Hört man beispielsweise das Wort «Ziegelei», dann bleibt es nicht bei einer rein akustischen Wahrnehmung, sondern unsere Imagination stellt gleichermaßen aus unserer Erfahrung ein «Begleitbild» auf, und wir sehen vor unserem geistigen Auge ein konkretes Ziegelwerk mit hohem Schornstein und großem Lagerplatz mit Ziegelstapeln – wobei natürlich jeder Mensch eine vom anderen etwas abweichende Vorstellung haben wird.

Diese Folgewirkung «Begriff wahrnehmen – bildhafte Vorstellung entwickeln» tritt auch ein, wenn wir *neuartige Begriffe* hören: diese führen dann auch zu neuartigen Vorstellungen, zu neuen Gedanken, neuen Möglichkeiten.

Und genau nach diesem Prinzip arbeitet die Semantische Intuition. Je nach Problemstellung werden Begriffe aus einem oder mehreren Gegenstandsbereichen miteinander zufällig kombiniert. Gar nicht selten erkennt man intuitiv aus solchen Zufallskombinationen überraschende neue Bedeutungen, die zu konkreten Ideen ausgebaut werden können.

Die Methode eignet sich besonders für das Auffinden neuer Produkte [36]. Ein Beispiel ist im Anhang aufgeführt.

Visuelle Synektik

□ *Methodische Grundlage*

Kreative Gedankengänge können durch verschiedenste Stimulusqualitäten angeregt werden. Am häufigsten ist es wohl das gesprochene Wort (Brainstorming!), aber wenn wir der Überlieferung glauben können, so wurde beispielsweise Schiller durch den Geruch von Äpfeln beflügelt – eine Anregungsquelle ganz anderer Art. Bei visueller Synektik versucht man, gerade optische Wahrnehmungen bewußt in kreative Problemlösungsprozesse einzubeziehen [36].

Bild 2.28 Veranschaulichung der Wirkungsweise von Visueller Synektik am Problem-Beispiel «Verbesserung von Tageslicht-Projektoren»

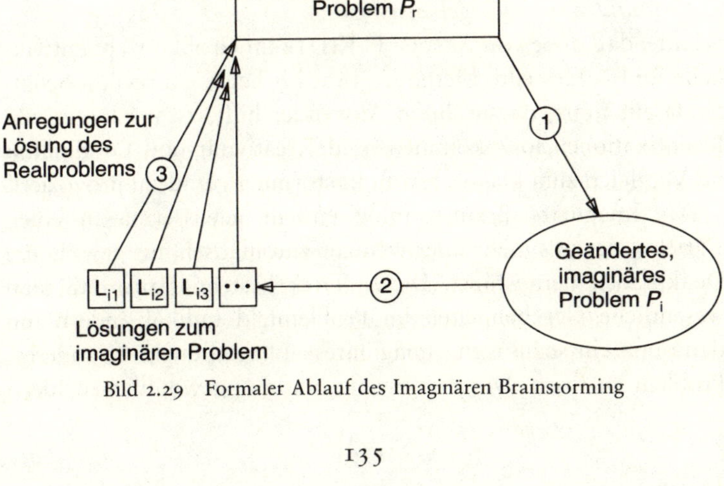

Bild 2.29 Formaler Ablauf des Imaginären Brainstorming

□ *Vorgehensweise*

Es sind eine Reihe von Vorgehensweisen möglich, wie visuelle Reize in Ideenfindungsprozessen genutzt werden können. So kann man sich etwa eine Bildmappe zusammenstellen, in der unterschiedlichste Motive in Klarsichthüllen gesammelt sind. Im Problemlösungsprozeß werden diese Motive aufmerksam durchgesehen mit der inneren Bewußtseinsspannung, die wahrgenommenen Bildelemente als mögliche Ideenauslöser zu interpretieren. Dieser Vorgang entspricht im Prinzip genau dem Force-Fit bei der Methode Synektik.

Während die Bildmappen-Variante eher auf den einzelnen Problemlöser zugeschnitten ist, läßt sich visuelle Synektik dann gut in einer Gruppe praktizieren, wenn man eine heterogene, zufällig zusammengestellte Dia-Kollektion Bild für Bild an die Wand projiziert, diese Bilder jeweils eine kurze Weile einwirken läßt (dadurch entfernt man sich auch phasenweise innerlich vom Problem!) und dann gemeinsam versucht, die Bildelemente in direkter oder interpretierter Form in Ideen zum gestellten Problem umzusetzen.

□ *Beispiel*

Wie die Inhalte einer visuellen Darbietung zum Ausgangspunkt von Ideen werden können, sei prinzipiell an der Aufgabenstellung «Verbesserung von Tageslicht-Projektoren» (Bild 2.28) illustriert.

Imaginäres Brainstorming

□ *Grundlage und Vorgehensweise*

Schade, daß diese von Arthur F. Keller im Grobkonzept entwikkelte und vorgestellte Methode [36a] bis heute ein rechtes Schattendasein führt, da sie ihrem Anwender hilft, zwangsläufig von Ideenfixationen loszukommen, und Kreativität und Originalität im Vergleich zum klassischen Brainstorming geradezu provoziert.

Das Imaginäre Brainstorming enthält gewissermaßen einen «Trick», der uns mehr oder weniger automatisch aus gewohnten Denkpfaden herausführt. Dieser Trick besteht darin, daß man wesentliche Gegebenheiten im Problemfeld radikal ändert, um dann erst ein sozusagen «imaginäres» (vorstellungshaft anderes) Problem zu lösen. Die jetzt zwangsläufig ungewöhnlichen Ideen werden im letzten Schritt untersucht, ob sie auch zur Lösung des Realproblems Anregungen liefern können.

Wir finden also beim Imaginären Brainstorming die Schrittfolge gemäß Bild 2.29.

Fast regelmäßig stellen potentielle Anwender als erste Frage, wie man denn möglichst geschickt ein solches imaginäres Problem konstruieren kann, das zu den «besten» Ergebnissen führt. Nun, ein Patentrezept gibt es hierzu nicht, da es auf der vorahnenden Kenntnis der interessantesten denkbaren Problemlösungen beruhen müßte, damit die Weichen entsprechend gestellt werden können. Soviel ist jedoch sicher: Wenn das imaginäre Problem dem Realproblem zu ähnlich bleibt, bleibt ebenso das Denken in den gewohnten Lösungsmustern behaftet. Damit entfalten sich keine Ideen der gewünschten Divergenz. Darüber hinaus soll dem Anwender empfohlen werden, den Prozeß mit mehreren alternativen imaginären Problemstellungen nacheinander zu durchlaufen. Damit wird ein Teil der Befürchtungen abgebaut, ungewöhnlich gute Ideen könnten uns entgehen.

So ist der Anwender ausdrücklich zu ermutigen, in die imaginären Problemstellungen skurrile, aphysikalische oder überhaupt ungewöhnliche Fiktionen aufzunehmen. Bei den ersten Präsentationen der Methode mag man dabei zwar durch das Gefühl verunsichert werden, sich zunächst völlig Sinnloses oder Irreales zu erdenken, man stellt jedoch bei der Einkopplung der «imaginären Ideen» in das Realproblem dann oft mit Erstaunen fest, welche Vielfalt an überraschenden Ideen sich durch den merkwürdig anmutenden gedanklichen Umweg ergibt.

☐ *Beispiele*

Was bis jetzt unklar blieb, soll an einem Beispiel erhellt werden.

Das Realproblem:

Mit welchen Maßnahmen können wir bewirken, daß sich möglichst viele Besucher einer Fachmesse für unsere Exponate (z.B. Wärmepumpen) interessieren bzw. überhaupt an unseren Stand kommen?

Wesentliche Gegebenheiten des Realproblems sind:

A) Die Besucher sind fachgebildete Erwachsene.
B) Auf der Messe sind konkurrierende Aussteller.
C) Der Messestand ist in einer Halle.
D) Die Exponate sind Investitionsgüter (Wärmepumpen).
E) Ziel ist es, Interesse für die Exponate zu wecken.

Durch jeweils eine fiktive Änderung der Realgegebenheiten werden folgende imaginäre Probleme zur Diskussion gestellt:

a) Die Besucher sind Elefanten.
b) Auf der Messe sind konkurrierende Gastwirte.
c) Der Messestand liegt auf einer Insel.
d) Die Exponate sind Rheinkiesel.
e) Ziel ist Abschreckung vor den Exponaten.

Dem Anwender steht es nun offen, alle imaginären Problemstellungen a) bis e) nacheinander durchzuspielen. Wir wollen uns hier der Anschauung halber auf zwei beschränken.

zu a): Was können wir unternehmen, um Elefanten für unseren Messestand bzw. unsere Exponate zu interessieren?
Ideen zu P_{imag}:
(1) Den Leitbullen einfangen und auf den Stand bringen
(2) Duftende Heubüschel am Stand
(3) Trompetenrufe der Elefanten simulieren
(4) Erdnußspuren bis zum Stand streuen
(5) Attrappen von Elefanten aufstellen
usw.

Herleitung von Ideen zum Realproblem:

Nur in den wenigsten Fällen können die imaginären Ideen im direkten Wortsinn auf das Realproblem übertragen werden. Vielmehr muß sich der Anwender fragen, welches Prinzip oder welcher Gesichtspunkt in der imaginären Idee enthalten ist, um daraus – in interpretierender Übertragung – einen Lösungsansatz für das Realproblem herzuleiten. Die mit dem Imaginären Brainstorming erzielbaren Ergebnisse werden stark davon beeinflußt, wie gut dies dem Anwender gelingt.

Aus (1): Der Leitbulle ist das ranghöchste Tier einer Elefantenherde. An seinem Verhalten orientieren sich die anderen. Welche Leitfigur können wir auf den Messestand einladen? Einen «Fachpapst» für Wärmepumpen? Prominente aus Wirtschaft, Politik oder Kunst? Einen Star-Architekten?

Aus (2): Der Duft des Heus spricht physiologische Bedürfnisse an. Vielleicht kann intensiver Kaffeeduft auf Messebesucher die gleiche Wirkung haben – oder der Duft frischer Gebäckstückchen, die wir unseren Kunden reichen.

Aus (3): Trompetenrufe sind die Erkennungssignale, vermutlich mit unterschiedlichen Aussage-Inhalten.

Welche Erkennungssignale können wir an unserem Stand nutzen? Weithin sichtbare Gütezeichen? Produktbezogene Piktogramme? Kann man die aus der Werbung bekannte Musikunterlegung abspielen? Oder sollen «Trompetensignale» gelegentliche Vorführungen ankündigen?

Aus (4): Es entsteht sozusagen eine «automatische» Führung. Können wir eigenes Personal ausländischen Gästen als Messeführer zur Verfügung stellen? Messe-Landkarten mit eingetragener Leitlinie zu unserem Stand? Verteiltes Personal im Firmendreß, das auf unseren Stand aufmerksam macht? Lageort des Standes so in der Halle, daß die Besucher zwangsläufig auf ihn stoßen?

Aus (5): Die Attrappe ist Identifikationsmerkmal und lockt ihresgleichen auf sich.

Standpersonal im Monteurlook oder anderer, spezifischer Kleidung des Produktumfeldes. Heizungsfachmann als Pappkamerad im Großformat. Messestand im Aussehen eines Rohbaues oder eines Heizungsraumes.

zu c): Wie würden wir Besucher für unseren Messestand interessieren, wenn dieser auf einer Insel läge?

Ideen zu P_{imag}:

(1) Bootstransfers anbieten

(2) Auf Erholungswert hinweisen

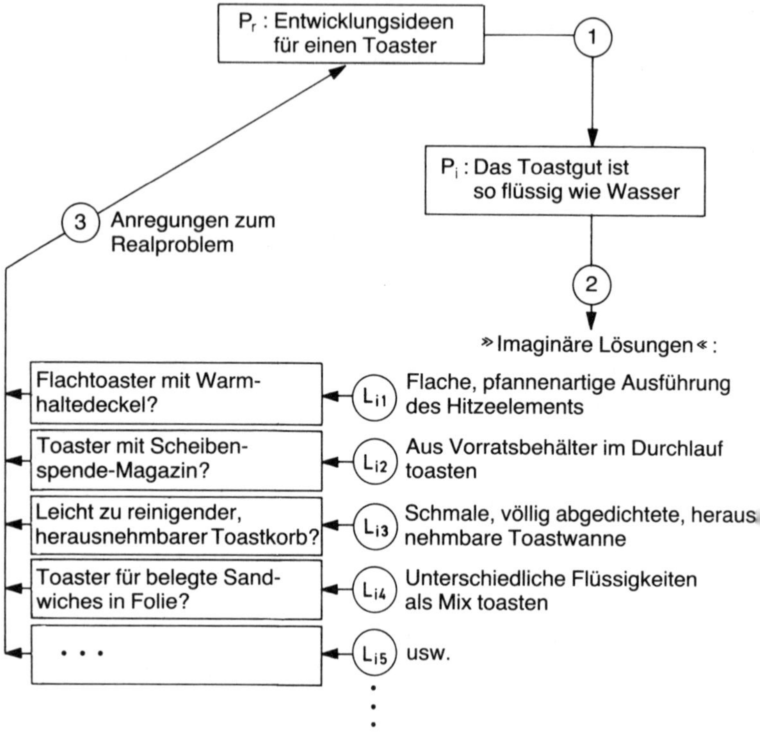

Bild 2.30 Anwendung des Imaginären Brainstorming auf das Problem «Entwicklungsideen für ein Toastgerät»

(3) Leuchtturm aufbauen
(4) Reisebüro als akquirierenden Makler einschalten
(5) Exklusivität betonen
usw.

Herleitung von Ideen zum Realproblem:

Aus (1): Firmen-Pendelbus zwischen Messe und Bahnhof, Flughafen, Großhotels. Transfer-Tickets am Stand vergeben.

Aus (2): Erholungszentrum am Stand (Kaffee, bequeme Stühle, Ventilatoren) in Verbindung mit Video-Präsentationen der Produkte; Kino-Anordnung.

Aus (3): Umlaufende Leuchtschrift, Blinklichter.

Aus (4): Am Stand ein Informationsbüro einrichten, das Besuchern für alle Probleme am Messeort zur Verfügung steht. Firmeneigene Reiseabteilung leistet im Messevorfeld organisatorische Hilfen für gute (Auslands-)Kunden. Eigenen «Messeführer» herausgeben. Mit Taxiunternehmen kooperieren, die Prospektmaterial verteilen oder Standgäste zu Sondertarifen befördern.

Aus (5): Standwerbung «Nur für den Fachmann», «Die Lösung für Kompetente» (Aufwertung der Standbesucher).

Selbstverständlich kann das Imaginäre Brainstorming auch auf technische Probleme angewandt werden. Dies wird in Bild 2.30 an einem knapp gehaltenen Beispiel illustriert.

Kaum jemand, der das Imaginäre Brainstorming zum erstenmal praktiziert, ist nicht von dieser Methode sehr angetan. Die Meinung ist einhellig, daß damit ein wesentlich breiteres Ideenspektrum aufgezeigt wird als mit dem klassischen Brainstorming und daß sich darunter Lösungsansätze befinden, auf die man aus der Normalperspektive vermutlich nie gekommen wäre.

Die Kopplung von Methoden zur Ideenfindung in komplexen Problemlösungsprozessen

Ablauf komplexer Problemlösungsprozesse

Die meisten der auftauchenden Probleme sind in der Regel so komplex, daß sie nicht in einem einzigen Problemlösungsschritt bewältigt werden können. Vielmehr ist es erforderlich, die jeweilige Gesamtproblematik in abgegrenzte Teil- bzw. Unterprobleme zu zerlegen, diese mit einer jeweils zutreffenden Methode zu lösen und die einzeln erzielten Teilergebnisse dann zur Gesamtlösung zusammenzuführen. Die bekannten Methoden zur Ideenfindung sind unterschiedlich geeignet, im Rahmen eines solchen mehrstufigen Problemlösungsprozesses eingesetzt zu werden.

Die Aufbereitung eines komplexen Problems, d.h. seine analytische Durchdringung, Strukturierung und die Konzeption einer

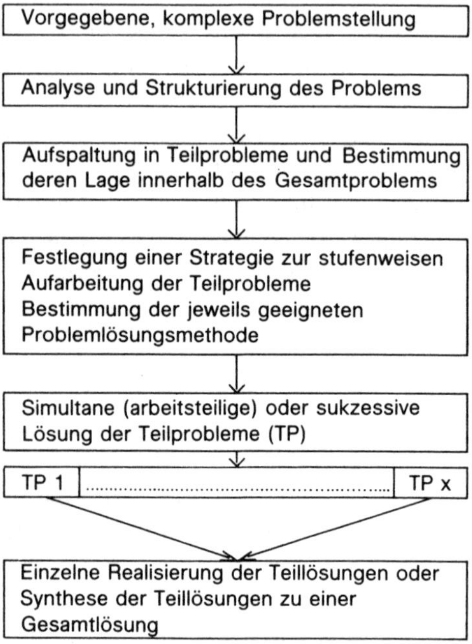

Bild 2.31 Formaler Ablauf der Lösung komplexer Probleme

Problemlösungsstrategie, bereitet nicht selten mehr Schwierigkeiten als die Lösung der eigentlichen Problematik selbst – zumal für diese Vorphase kaum auf sicher weiterhelfende Methoden zurückgegriffen werden kann. Rein formal läßt sich der Prozeß der Lösung komplexer Probleme etwa in den Schritten von Bild 2.31 darstellen.

Zwar sind die praktisch zu behandelnden Komplexprobleme zu vielschichtig, als daß streng verbindliche Regeln aufgestellt werden könnten, welche Methode zur Ideenfindung in welchem Lösungsschritt optimal für jeden Fall zutreffend einzusetzen wäre. Einige «tendenziell richtige» Empfehlungen lassen sich zu dieser Frage jedoch abgeben:

□ In der Phase der *Problemanalyse* sind die Methoden

- Progressive Abstraktion,
- Suchfeldauflockerung,

- Hypothesenmatrix,
- KJ-Methode oder
- Funktionsanalyse

als nützliche Instrumente brauchbar.

☐ Gut geeignete Methoden zur *Zerlegung der Gesamtproblematik in Teilprobleme* sind

- Morphologische Matrix,
- Attribute-Listing,
- Problemlösungsbaum und ebenfalls
- Funktionsanalyse.

☐ *Abgegrenzte Teilprobleme* lassen sich beispielsweise gut bearbeiten mit

- Brainstorming,
- Brainwriting,
- Synektik,
- TILMAG oder
- Semantischer Intuition.

☐ Mit der Methode des Morphologischen Kastens können sogar mehrere Schritte gleichzeitig bewältigt werden, da diese Methode

- das Aufspalten in Teilprobleme (= Parameter),
- die Lösung von Teilproblemen (= Ausprägungen)
- die Synthese von Teilproblemen zu Gesamtlösungen

beinhaltet.

Die Lösung komplexer Probleme kann auch insofern stufig sein, als sich aus den Ergebnissen eines vorausgehenden Problemlösungsschrittes erst die jeweilige Problemformulierung für einen nachfolgenden Schritt ergibt. Hier geht es also darum, verschiedene Methoden aneinanderzukoppeln. Wie dies mit Methoden zur Ideenfindung geschehen kann, sei an einem Beispiel in knappen Zügen illustriert.

P1: Eigenschaften / P2: Erlebnisbereiche	abnehmend ausgeprägt					zunehmend ausgeprägt			
	Sehvermögen	Kraft	Geschick	Gehör	Gedächtnis	Wissen, Erfahrung	Geduld	Fürsorgedenken	Soziale Ängste
Kleidung			①	▨					▨
Speisen	②			▨					
Wohnen									③
Reisen					④				⑤
Unterhalten	⑥	▨	▨	⑦					▨
Pflegen, Gesunderhalten		⑧			▨			▨	
Hobby						⑨	⑩		▨
Einkaufen		⑪			⑫				

▨ = kaum Anhaltspunkte für altersspezifische Produkte
○ = interessant erscheinende Suchfelder

Bild 2.32 Morphologische Matrix zur Strukturierung des Problems «Suche nach altersspezifischen Produkten»

Beispiel der Methodenkopplung

Aufgabenstellung:
Es sind Produkte zu suchen, die speziell auf die Bedarfslagen älterer Menschen zugeschnitten sind.

1. Schritt: Strukturierung des Problemfeldes
Die Aufgabenstellung ist so komplex formuliert, daß es sinnvoll erscheint, sie zunächst in einzelne Suchfelder bzw. Suchrichtungen zu zerlegen. Hierfür soll die Methode der Morphologischen Matrix herangezogen werden (Bild 2.32).

Dabei wird die Matrix aus 2 Parametern aufgebaut, die potentielle Produktfelder hinlänglich definieren:

Problem: *Produkte, Einrichtungen usw., die (sozialen) Ängste älteren Menschen im Wohnbereich entgegenwirken*		
Datum: 31. Februar 1988 Blatt-Nr. 4		
Notrufschilder, die an Fenstern gestellt werden können	Rufanlagen zur Nachbarwohnung	Herde mit Zeitausschalter
Zusätzlich anbringbare Haltegriffe	Telefon mit programmierter Notruftaste zur Polizei	Türsicherungen
Rutschfeste Bodenbeläge	Tafeln, um Gebrauchsanweisungen für Geräte sichtbar anzubringen	Nachrüstbare Fensterklappen für Wohnungstüren
Einfach zu bedienende, aber zuverlässige Safes	Alarmsirenen, die im Notfall selbst ausgelöst werden können	Niederwandige Badewannen
Dämmerbeleuchtung (Glimmlampen) als Nachtlichter	Besonders stabile Trittleitern	Zentral angebrachte Kontrolle, die den Betrieb elektrischer Geräte anzeigt
Hilfeleuchten an der Außenseite von Haus oder Türe (ähnlich vor Krankenzimmern)	Bett-Telefone	Weckuhren, die auf den Einnahmerhythmus von Medikamenten einstellbar sind

Bild 2.33 Ergebnisformular aus der Anwendung der Methode 635

P1 = Besondere Eigenschaften älterer Menschen
P2 = Erlebnisbereiche

Einzelne Felder der Matrix – sie wurden mit Kreisen und Zahlen versehen – sind als besonders interessante Suchfelder hervorgehoben, wie zum Beispiel:

② Mit welchen Produkten kann man die Überwachung der Zubereitung von Speisen erleichtern?
⑨ Welche Hobbyprodukte könnten insbesondere die Erfahrungen älterer Menschen ansprechen?

Parameter	*Ausprägungen*					
Einbauort	Wand	Boden	Tisch	Schrank	Installationen	mobil
Gehäusematerial	Stahlblech	Stahlguß	armiertes Glas	verstärkter Kunststoff	Verbundgewebe	…
Zugang	Klappe	Schieber	Deckel	Türe	…	…
Öffnung durch	Schlüssel	Stecker	Zahlencode	sonst. Code		
Volumen ca.	1 dm^3	2 dm^3	5 dm^3	10 dm^3	>10 dm^3	

Bild 2.34 Morphologischer Kasten über Grobkonzeptionen von Safes für Privathaushalte

⑫ Welche Produkte könnten älteren Menschen als Gedächtnisstütze vor und bei Einkäufen, Besorgungen usw. dienen?

Als weiter zu verfolgendes Teilproblem wird in diesem Beispiel ausgewählt:

③ Welche Produkte, Einrichtungen usw. könnten den (sozialen) Ängsten älterer Menschen im Wohnbereich entgegenwirken?

2. *Schritt: Suche nach konkreten Produktideen im abgegrenzten Problembereich mit der Brainwriting-Methode «635».*
Bei dieser Methode benutzen 6 Teilnehmer jeweils ein Ideenformular, in das sie in mehreren Rotationsschritten je 3 Ideen in je 5minütigen Suchphasen eintragen. Auf einem der kursierenden sechs Formulare werden beispielsweise die in Bild 2.33 gezeigten Ideen niedergelegt.

Die Durchsicht und Vorbewertung aller mit der Methode 635 gefundenen Ideen (günstigstenfalls «produziert» diese Methode in einer halben Stunde 108 Anregungen!) soll ergeben, daß der Vorschlag *«Einfach zu bedienende, aber zuverlässige Safes»* weiter aufgegriffen und vertieft werden soll.

3. Schritt: Lösungsdetaillierung
Dieser Schritt besteht in der Aufgabe, *mögliche Konzeptionen von Safes* aufzuzeigen, um dadurch die eine oder andere Bauform zu finden, die der Problemstellung gerecht wird. Hierzu wird nun ein *Morphologischer Kasten* aufgestellt (siehe Bild 2.34).

Verschiedene Überlegungen sollen dahin geführt haben, daß eine Grobkonzeption in die engere Wahl kommt, die sich als *Schrank-Einbausafe aus Stahlblech* bezeichnen ließe (siehe Linienzug im Morphologischen Kasten). Als Teilproblem soll dabei noch die Frage nach einem geeigneten Öffnungscode zu lösen bleiben.

4. Schritt: Suche nach Ideen über einfache und dennoch zuverlässige Öffnungscodes mit Hilfe der Methode Synektik (Bild 2.35).
An dieser Stelle soll das Beispiel abgebrochen werden. Es versuchte zu veranschaulichen, wie mehrere Methoden zur Ideenfindung in gekoppelter Folge zur Lösung komplexer Probleme eingesetzt werden können. Im vorliegenden Fall des Problems «Produkte für ältere Menschen» war es die Methodenreihe

Morphologische Matrix
↓
Brainwriting; Methode 635
↓
Morphologischer Kasten
↓
Synektische Exkursion

Natürlich sind andere Verknüpfungen von Methoden zur Ideenfindung zu mehrstufigen komplexen Problemlösungsprozessen ebenso denkbar, und das gezeigte Beispiel darf keinesfalls als verbindliches Muster verstanden werden. Als groben Leitfaden für den Aufbau eigener Problemlösungsstrategien mag man sich jedoch daran orientieren, daß sich die zunächst große Ausgangskomplexität der meisten Problemstellungen eher mit den analytisch-systematischen Methoden bewältigen läßt und die intuitiv-kreativen Methoden erst bei eng abgegrenzten (Teil-)Problemen herangezogen werden sollten.

Freilich ist es selten der Fall, daß sich ein komplexes Problem ausschließlich mit Methoden zur Ideenfindung behandeln läßt.

Spontane Lösungen:
- ☐ Wählscheibe wie beim Telefon
- ☐ Schloß, passend für Wohnungsschlüssel
- ☐ Lochkarte einschieben
- ☐ usw.

▼

Analogien aus der Natur: Wie reagieren Tiere oder Pflanzen auf Erkennungssignale?
- ☐ Jungvögel öffnen die Schnäbel
- ☐ Ameisen betasten sich
- ☒ Blüten öffnen sich bei Licht
- ☐ Singvögel flüchten vor Raubvogelsilhouetten
- ☐ usw.

▼

Persönliche Analogien: Wie fühle ich mich als Blüte in der Sonne?
- ☐ ich lebe auf
- ☐ Wärme durchströmt mich
- ☒ fühle mich liebkost
- ☐ will mich ganz ausbreiten
- ☐ usw.

▼

Symbolische Analogien zu:
Von der Sonne liebkost
- ☒ leuchtendes Streicheln
- ☐ wohlige Wärme
- ☐ behagliches Strahlen
- ☐ usw.

Direkte Analogien aus der Technik zu:
leuchtendes Streicheln
- ☐ Lichtreklame
- ☐ Windlicht
- ☐ Bühnenbeleuchtung
- ☐ usw.

▼

Analyse «Lichtreklame»:
- ☐ rhythmisches Flackern
- ☐ aus Einzelbuchstaben
- ☐ unterschiedliche Farben
- ☐ umlaufend
- ☐ usw.

▼

Abgeleitete Ideen:
- ☐ Safe öffnet sich auf bestimmte Impulsfolge
- ☐ Buchstabencode
- ☐ Tasten mit Kennfarben
- ☐ Zwei oder mehr Schiebe-regler werden auf bestimmte Werte eingestellt
- ☐ usw.

Bild 2.35 Synektik zum Problem «Öffnungscodes für Safes» (Verkürzte Darstellung)

Viele Zwischenschritte verlangen den Einsatz diskursiver Methoden, von Rechenschritten, Optimierungen, Bewertungen, Experimenten sowie von anderen Formen der Informationsbeschaffung und -verarbeitung.

Die Methoden zur Ideenfindung werden also immer nur punktuell einsetzbare Instrumente im Rahmen «methodenpluralistischer» Problemlösungsprozesse sein – können aber dort im Einzelfall die entscheidenden Lösungsimpulse geben.

Kapitel 3
PRAXIS DER IDEENFINDUNG

Anwendungsgebiete und Auswahl der Methoden zur Ideenfindung

Die Methoden zur Ideenfindung sind ein relativ unspezifisches Instrumentarium und überdecken einen weiten Anwendungsbereich unterschiedlichster Problemstellungen – sofern es sich jeweils um schlechtstrukturierte Probleme handelt. (Es hätte also wenig Sinn, per Brainstorming etwa die Belastbarkeit einer bestimmten Gitterkonstruktion ermitteln zu wollen! Hier liegt eine wohlstrukturierte Problemsituation vor und die Lösung ergibt sich zwingend und rechnerisch aus den konkreten Gegebenheiten.) Man kann also keineswegs davon ausgehen, daß die Kreativitätstechniken oder andere Methoden zur Ideenfindung nur in ganz bestimmten Unternehmen, Branchen usw. sinnvoll angewendet werden könnten. Die häufig zu vernehmende Aussage «Das mag ja alles ganz schön sein – aber in unserem Unternehmen, in unserem Falle ...» sollte man also nicht leichtfertig auch auf die Brauchbarkeit dieser Methoden übertragen.

Natürlich gibt es Unternehmen und in den Unternehmen wiederum Funktionsbereiche, die durch ihre besonderen Aufgaben wesentlich häufiger mit Innovationsproblemen konfrontiert werden, die sich ändernden Gegebenheiten rasch und dynamisch immer wieder anpassen müssen und nur in geringerem Umfang als andere Routineverhalten ausprägen können. Diese Unternehmen oder Bereiche haben freilich einen höheren Bedarf an kreativen Lösungen und damit eine höhere Anwendungshäufigkeit für Methoden zur Ideenfindung. Es würde jedoch schwerfallen, Fälle aufzuzählen, wo dieser Bedarf überhaupt nicht vorhanden wäre.

Innerhalb eines Unternehmens müssen vor allen Dingen die Funktionsbereiche Forschung, Entwicklung, Konstruktion, Produktion und Marketing als besonders «innovationsintensiv» angesehen werden. Und sie sind tatsächlich in der Praxis die Hauptanwendungsbereiche systematischer Ideenfindung.

Nun interessiert den Praktiker nicht nur, welche Methoden zur Ideenfindung es überhaupt gibt und wie diese funktionieren, sondern er möchte begreiflicherweise bei einem konkret vorliegenden Problem aus der Vielzahl der methodischen Alternativen möglichst sicher jene Methode herausgreifen können, deren Anwendung den größten Erfolg verspricht. Zu dieser Frage der Methodenauswahl liegen bisher nur wenige und kaum aussagefähige Erkenntnisse vor, und der Verfasser darf von sich in Anspruch nehmen, sich damit erstmals weiterführender auseinandergesetzt zu haben [38].

Im wesentlichen bestimmt sich die Methodenauswahl nach zwei Kriterienbereichen, und zwar

a) nach den Merkmalen des zu lösenden Problems und
b) nach den situativen Umständen der Problemlösung.

Zu a): Zwei Problemeigenschaften beeinflussen die Wahl einer geeigneten Methode zur Ideenfindung, und zwar die *Komplexität* und der *Typ* des vorliegenden Problems. Was die *Problemkomplexität* anbelangt, so läßt sich vereinfachend feststellen, daß

- intuitiv-kreative Methoden auf abgegrenzte, wenig komplexe Fragestellungen angewendet werden sollten und
- analytisch-systematische Methoden auch herangezogen werden können, um sehr komplexe Sachverhalte zu verarbeiten.

Nimmt man die gedankliche Anforderungsqualität, die ein Problem stellen kann, als Unterscheidungsmerkmal, dann lassen sich *5 Problemtypen* voneinander abgrenzen:

1. *Analyseprobleme:*
Die Anforderung besteht im Erkennen von Strukturen, d.h. deren Elemente, Relationen zwischen den Elementen und von Struktureigenschaften. Die Analyse beinhaltet allgemein die Klärung von Zusammenhängen.

2. *Suchprobleme:*
Der Problemlösungsprozeß besteht in einem (kognitiven) Suchvorgang, bei dem die Suchkriterien durch die Definition des Problems vorgegeben sind. Die Suche erstreckt sich auf das Auffinden bereits existierender Lösungen.

3. *Konstellationsprobleme:*
Die spezifische Anforderungsqualität dieses Problemtyps besteht darin, vorhandene Wissenselemente so zu konfigurieren bzw. umzukonstellieren, daß ein neues, im Problemlösungsprozeß erforderliches Gedankenkonstrukt entsteht.

4. *Auswahlprobleme:*
Sie betreffen Vorgänge der Unterscheidung von Alternativen nach dem Gesichtspunkt ihres Nutzens für ein vorgegebenes Ziel. Der Prozeß der Auswahl ist in der Regel dadurch gekennzeichnet, daß aus dem Ziel Kriterien zur Bewertung abgeleitet werden, an denen die Qualität der in Frage stehenden Alternativen gemessen wird.

5. *Konsequenzprobleme:*
Dieser Problemtyp ist durch die logische Befolgung erkannter Gesetzmäßigkeiten im Problemlösungsprozeß charakterisiert.

Auswahl- und Konsequenzprobleme sind ihrer Natur nach wohlstrukturierte Probleme und können deshalb mit Methoden zur Ideenfindung nicht sinnvoll bearbeitet werden. Anwendungsempfehlungen betreffen also nur Such-, Analyse- und Konstellationsprobleme. Dazu ist folgender Hinweis wichtig: Die in der Praxis auftauchenden Probleme sind meist so komplex, daß alle der genannten Problemtypen – nicht selten sogar mehrzahlig – in diesen enthalten sind. Will man deshalb im Rahmen eines Problemlösungsprozesses jeweils eine gut geeignete Methode zur Ideenfindung anwenden, dann ist das Komplexproblem erst so lange zu zerlegen, bis die abgespalteten Teilprobleme als eindeutige Such-, Analyse- oder Konstellationsprobleme erkenntlich sind. Welche Methoden sich der Erfahrung nach für diese Problemtypen empfehlen, geht aus Bild 3.1 hervor.

Zu b): Besondere Umstände der *Problemlösungssituation*, wie verfügbare Zeit, Größe der Problemlösungsgruppe usw., beeinflus-

Vorgegebenes Komplexproblem: Entwicklung einer Arbeitsleuchte		
Problemtyp (Teilproblem)	*Beispiel*	*Geeignete Methoden zur Ideenfindung*
Analyseproblem	Welche Funktionen (z.B. Verstellung, Helligkeit usw.) soll die Leuchte erfüllen?	▶ Progressive Abstraktion ▶ Hypothesenmatrix ▶ Funktionsanalyse ▶ Morphologische Matrix
Suchproblem	Welche lichterzeugenden Quellen können benutzt werden?	▶ Brainstorming ▶ Brainwriting (Methode 635) ▶ Brainwriting-Pool ▶ Problemlösungsbaum
Konstellations-problem	Konzeption einer Vorrichtung zur flexiblen Positionierung	▶ Brainstorming ▶ Klassische Synektik ▶ Visuelle Synektik ▶ Reizwortanalyse ▶ Morphologischer Kasten ▶ TILMAG-Methode
Konsequenz-problem	Berechnung des Wirkungsgrades der Lichtquelle X	keine!
Auswahlproblem	Welches der verschiedenen Materialien ist im Hinblick auf Temperaturfestigkeit und Preis optimal?	keine!

Bild 3.1 Eignung wichtiger Methoden zur Ideenfindung für die Lösung unterschiedlicher Problemtypen

sen die Auswahl einer geeigneten Methode zur Ideenfindung ebenso wie die Art des vorliegenden Problems. Bild 3.2 gibt eine Zusammenfassung situativer Bedingungen des Problemlösens und schlägt (die Empfehlungen sind auf Hauptmethoden beschränkt) jeweils geeignete Methoden vor.

Man sollte sich jedoch bewußt sein, daß die im Hinblick auf

Situative Bedingung		*Empfohlene Methoden**
Verfügbare Zeit	knapp	BS, 635, RWA
	reichlich	SY, MK, MM, AL, PLB
Teilnehmerzahl der Problemlösungsgruppe	1 bis 4	MK, MM, PLB, AL
	5 bis 8	BS, 635, SY, RWA
Beziehung der Gruppenmitglieder zueinander	vertraut	alle Methoden
	fremd	Vorsicht mit SY
Spannungen, Konflikte zwischen den Gruppenmitgliedern zu befürchten		635
Erfahrungen mit Methoden zur Ideenfindung	wenig	BS, 635, AL, RWA, PLB
	gute	MK, MM, SY
Verfügbare Arbeitsmittel (Flip, Pinwände usw.)	vollständig	MK, MM, AL, PLB, SY, RWA
	keine	BS, 635
Problemkenntnis der Gruppenmitglieder	Fachleute	MK, MM, PLB
	heterogen	BS, 635, RWA, SY, AL
Ideenurheberschaft	nachzuweisen	635
	gleichgültig	alle anderen Methoden

* Zuordnung auf einige wichtige Methoden zur Ideenfindung beschränkt.

Es bedeuten:

BS	= Brainstorming	MK	= Morphologischer Kasten
635	= Methode 635	MM	= Morphologische Matrix
RWA	= Reizwortanalyse	AL	= Attribute-Listing
SY	= Synektik	PLB	= Problemlösungsbaum

Bild 3.2 Unter besonderen situativen Bedingungen empfohlene Methode der Ideenfindung

Problemmerkmale und situative Problemlösungsbedingungen getroffenen Empfehlungen keinesfalls als fest verbindlich zu betrachten sind, sondern die Praxis der Ideenfindung nur tendenziell optimieren. Im Einzelfall kann es durchaus sein, daß bei der Wahl einer «unangemessenen» Methode hervorragende Ergebnisse erzielt werden – und umgekehrt.

	Verfasser	I. Schw.G.	II. G/E	III. Mod.	Ø-Dauer	IV. Prot.
Progressive Abstraktion	GESCHKA	3	G, E	++	2 h	P!
Hypothesenmatrix	SCHLICKSUPP	2	E	○	>1 Tag	P
KJ-Methode	KAWAKITA	2	E (G)	(++)	>1 Tag	P!
Morphologischer Kasten	ZWICKY	3	E (G)	(++)	bis >1 Tag	A
Sequentielle Morphologie	SCHLICKSUPP	3	E (G)	(++)	bis >1 Tag	A
Attribute-Listing	CRAWFORD	1	E, G	○	bis >1 Tag	A
Morphologische Matrix	ZWICKY	2	E (G)	(+)	bis >1 Tag	P
Problemlösungsbaum		2	E (G)	(+)	bis >1 Tag	A
Brainstorming	OSBORN	2	G	+	0,5 bis 1 h	P!
Methode 635	ROHRBACH	1	G	○	0,75 h	A
Brainwriting-Pool	SCHLICKSUPP	1	G	○	0,75 h	A
SIL-Methode	SCHLICKSUPP	2	G	++	2 h	P!
Synektik	GORDON	3	G (E)	++	3 h	P!
TILMAG-Methode	SCHLICKSUPP	2	G (E)	+	2 bis 3 h	P!
Semantische Intuition	SCHLICKSUPP	1	G, E	+	1 h	P!
Visuelle Synektik	GESCHKA/ SCHAUDE/ SCHLICKSUPP	2	G, E	+	1 h	P!

I. Schwierigkeitsgrad:
- 1 = nicht sehr hoch; gut als «Einstiegs»- oder «Anfängermethode»
- 2 = setzt gute Methodenkenntnisse voraus
- 3 = Schwierige Methode, die ausreichend zu trainieren ist

II. Eignung für
- E = Einzelarbeit
- G = Gruppenarbeit
- ( ) = bedingte Eignung

III. Moderation:
- o = keine Anforderungen
- + = normale Anforderungen
- ++ = besondere Anforderungen
- ( ) = wenn in Gruppen angewandt

IV. Protokollierung:
- AS = «automatisches» Protokoll
- P = normale Protokollsorgfalt
- P! = besondere Protokollsorgfalt (z. B. zus. Tonband-Aufz.)

Bild 3.3 Zusammenfassung wesentlicher Anwendungsmerkmale der Methoden zur Ideenfindung

Die Einsatzbereiche der Methoden zur Ideenfindung sind also keineswegs scharf abgrenzbar, sondern gehen fließend ineinander über.

Welche Schwierigkeitsgrade den hier behandelten Methoden zur Ideenfindung zugeordnet werden können – diese sind gleichzeitig ein Maß für den jeweils angemessenen Trainingsaufwand –, ob sie sich besonders für Einzel- oder Gruppenarbeit eignen, welche Anforderungen sie an Moderatorenfähigkeiten stellen und über die notwendige Sorgfalt bei der Protokollierung gibt Bild 3.3 zusammengefaßt Auskunft.

Anforderungen an kreatives Problemlösen in Gruppen

Wegen ihrer im Vergleich zum Individuum wesentlich heterogeneren Wissensbasis, durch die stimulierende Wirkung wechselseitiger Assoziationen und wegen der Möglichkeit, spezielles Fachwissen spontan zu interdisziplinären, komplexen Problemen abrufen zu können, sind harmonisch kooperierende Gruppen dem einzelnen Problemlöser signifikant überlegen – wobei die erzielte Gruppenleistung den Mehraufwand der Gruppenarbeit (in bewerteten Mann-Stunden oder Mann-Tagen) häufig um ein Vielfaches überkompensiert.

Darüber hinaus hat (in angemessenem Umfang) praktizierte Gruppenarbeit im Unternehmen die positiven Begleitwirkungen, daß bei entsprechender Besetzung der Gruppe

- Kontakte zwischen Abteilungen geschaffen und aufrechterhalten werden,
- notwendige Kooperationen und Abstimmungen zwischen den Funktionsbereichen (z.B. Produktion/Entwicklung/Marketing) reibungsloser und bereitwilliger vollzogen werden,
- das Verständnis aller Gruppenmitglieder für die Probleme anderer geweckt wird und der Blickwinkel sich auf die Belange und Interessen des Unternehmens als Ganzes ausweitet,
- weniger Widerstände bei der Durchsetzung einer gemeinsam erarbeiteten Lösung zu überwinden sind,

- Lösungen und Entscheidungen abgesicherter sind, da sie unter verschiedenen Gesichtspunkten entstanden und beurteilt sind,
- interne Konkurrenzsituationen und Rivalitäten zugunsten eines konstruktiven «Wir-Gefühls» abgebaut werden.

Gerade die Methoden zur Ideenfindung – und hier wiederum vor allem die Kreativitätstechniken – sind hervorragende Instrumente, um zu seltene Gruppenarbeit auszuweiten oder um unproduktiver Gruppenarbeit Impulse zu wirksamerer Kooperation zu geben. Gemeinsames Problemlösen nach den Regeln der Ideenfindung macht neben dem erzielten Erfolg(serlebnis) nicht nur Spaß und motiviert, sondern fördert generell die Fähigkeit zu wirkungsvoller Zusammenarbeit, indem es dazu beiträgt

- Vorurteile und Starrheiten abzuschwächen,
- Zuhören zu lernen und die Beiträge von Mitarbeitern und Kollegen zu würdigen,
- mehr Sensibilität für zwischenmenschliche Probleme zu wecken,
- das Arbeitsklima offen, vertrauensvoll und entkrampft zu gestalten.

Kreative Gruppenarbeit mit Methoden zur Ideenfindung verlangt jedoch auch die Erfüllung bestimmter Voraussetzungen, von welchen insbesondere zu nennen sind:

Zusammensetzung der Gruppe

Eine bedeutsame Einflußgröße auf die realisierte Leistung ist die Zusammensetzung einer Gruppe. Zahllose empirische Versuche haben ergeben, daß bei Ideenfindungssitzungen besonders gute Voraussetzungen gegeben sind, wenn die Gruppe

- aus 5 bis 7 Teilnehmern besteht,
- fachlich heterogen besetzt ist,
- sozial homogen ist (frei von persönlichen Spannungen und Konflikten),
- ohne Druck durch Autoritäten arbeitet,
- keine Teilnehmer enthält, die zu Dominanz oder völliger Zurückgezogenheit neigen,
- ein ausgewogenes Verhältnis rationaler und spontaner Charaktere aufweist.

Besonders anregend können Ideenfindungssitzungen verlaufen, wenn die Gruppen geschlechtlich gemischt zusammengesetzt sind. Hier wird nicht nur eine oft erfrischende Wettbewerbssituation in den Ideenfindungsprozeß getragen, sondern die feminin und maskulin recht unterschiedlichen Sichtweisen und emotionalen Zugänge zu einem Problem befruchten die Lösungsfindung auch unter rein sachlichen Aspekten.

Ausreichendes Training

Da die Methoden zur Ideenfindung auf den ersten Blick recht unkompliziert anmuten, unterschätzt man in vielen Fällen den Zeit- und Trainingsaufwand, der bis zur hocheffizienten Anwendung notwendig ist. Kreatives Ideenfinden unterscheidet sich im Hinblick auf Einstellungen, Verhalten und die Art der anzuwendenden Denkprinzipien in wesentlichen Merkmalen vom gewohnten Herangehen an Problemlösungsprozesse. Dieser Umstieg kann nicht ad hoc erfolgen, sondern verläuft über eine Lernkurve. Und um diese Lernkurve optimal zu gestalten, ist gerade in der Anfangsphase der Anwendung kreativer Problemlösungsmethoden eine intensive Auseinandersetzung mit dem Instrumentarium wünschenswert, die sich nicht nur auf methodische Vorgehensweisen beschränkt, sondern ebenso psychodynamische Aspekte der Kreativität und grundsätzliche Phänomene des Problemlösens in Gruppen einschließt.

Experimentierphase gewähren

Dem Lernbedarf entsprechend wäre es unvernünftig, Erstkenntnisse über Methoden zur Ideenfindung im Unternehmen unmittelbar an «harten» Innovationsproblemen erproben zu wollen. Wählt man dazu noch etwas schwierigere Methoden aus (wie Morphologische Analyse oder Synektik) und gibt ferner einer ersten Sitzung durch die Beteiligung von Personen aus dem oberen Führungskreis einen hochoffiziellen Anstrich – dann ist nicht nur die Gefahr groß, daß die durchgeführte Innovationssitzung wegen mangelnder Erfahrung zum völligen Mißerfolg gerät, sondern daß darüber hinaus das gesamte Thema Ideenfindung im Unternehmen erst einmal für längere Zeit tabu ist.

Deshalb ist anzuraten, daß man erste Erfahrungen mit den Methoden zur Ideenfindung im Kreis interessierter Kollegen unverbindlich anhand einfacher Probleme und unkomplizierter Methoden gewinnt, bevor man nach 10 bis 20 solcher Übungsfälle schwierigere Innovationsprobleme in organisierten Innovationssitzungen aufgreift.

Vernünftige Erwartungen aufbauen

Leider sind manche Erfolgsberichte über die Anwendung von Methoden zur Ideenfindung so übertrieben positiv gestaltet, daß sich dadurch bei denjenigen, die sich erstmals mit den Methoden beschäftigen, die Bildung überzogener Erfolgserwartungen verstärkt. Wir müssen uns jedoch klar darüber sein, daß diese Methoden zwar unser Wissen aktivieren und Intuition und Kreativität anregen, daß damit aber keinesfalls automatisch Patentrezepte in beliebiger Anzahl produziert werden können. Sind die Erwartungen an die mit Ideenfindung erzielbaren Ergebnisse zu hoch, werden sich – vor allem in der Startphase der Anwendung – mit Sicherheit Enttäuschungen einstellen, die unter Umständen sogar in eine Ablehnung der Methoden überschlagen. Damit aber würde man wiederum auf eine ganze Reihe möglicher innovativer Impulse verzichten.

Notwendige Arbeitsmittel bereitstellen

Kreatives Arbeiten in Gruppen verlangt, alleine aus kommunikativen Gründen, andere Arbeitsmittel und -techniken als das gewohnte individuelle Problemlösen. In jedem Unternehmen sollte wenigstens ein störungsfreier Gruppenarbeitsraum zur Verfügung stehen, dessen Mobiliar flexibel zu den verschiedensten Anordnungen arrangiert werden kann, und der mit

- Tageslicht- und Diaprojektor,
- großflächigen Pinwänden und
- ausreichend vielen Flipcharts mit allem notwendigen Schreib- und Zeichenzubehör sowie evtl. mit einer
- Tonaufzeichenanlage

ausgerüstet ist. Sind die Mittel vorhanden, dann ist die Anschaffung einer Videoanlage sehr empfehlenswert, die wertvolle Lernprozesse durch Selbstwahrnehmung ermöglicht.

Ideenfindungssitzungen sollten auf jeden Fall von äußeren Störungen abgeschirmt sein. Um diese Bedingung zu erfüllen, kann es sehr sinnvoll sein, Innovationsklausuren außer Haus an einer geeigneten Tagungsstätte durchzuführen.

Moderation

Zwar ist kreatives Problemlösen prinzipiell nicht an eine Personenmehrheit gebunden, mehr und mehr Unternehmen erkennen jedoch die vielfältigen Vorteile der Gruppenarbeit und fördern dementsprechend die Teambildung. Dabei wird in zunehmendem Maße eine Qualifikation gefordert, die von den traditionellen Ausbildungsstätten sowie in der üblichen Berufspraxis nur sehr unzureichend mitgeteilt wird: die Fähigkeit, problemlösende Gruppen effizient zu moderieren, d.h. die in einer Gruppe vorhandenen Wissenspotentiale für ein gemeinsam anerkanntes Problem zu aktivieren und die Kohäsion der Gruppe bei voller Autonomie ihrer einzelnen Mitglieder zu erhalten.

Die Moderation problemlösender Gruppen stellt auf wenigstens drei Ebenen Anforderungen an den Moderator:

a) organisatorische Anforderungen,
b) sachlich-inhaltliche Anforderungen (Problem; Methode),
c) Anforderungen im Hinblick auf die Bewältigung von in Gruppen ablaufenden Prozessen.

Während sich Kenntnisse über die richtige Organisation von Problemlösungskonferenzen relativ rasch erwerben lassen, sind die sachlich-inhaltlichen und die aus Gruppenprozessen erwachsenden Anforderungen in der Regel sehr viel schwieriger zu bewältigen.

Allgemein verlangen die sachlich-inhaltlichen Anforderungen von einem Moderator

- Wissen, Auffassungsvermögen,
- die Fähigkeit, sich rasch in ein Problem einzufühlen,

– klaren und logischen Ausdruck sowie
– die Fähigkeit, ein Problem strategisch aufzubereiten und methodisch angehen zu können.

Ergebnisse aus der Kleingruppenforschung haben eindeutig gezeigt, daß effizientes Arbeiten in Gruppen nicht nur auf kognitiven Fähigkeiten beruht, sondern daß hierbei auch affektive Phänomene eine entscheidende Rolle spielen. Diese Phänomene erkennen und handhaben zu können, wird für einen Moderator von größter Wichtigkeit. Nur dann gelingt es ihm,

– eine offene und aktive Kommunikation zu wecken,
– konfliktäres Verhalten abzubauen oder auszugleichen,
– kooperative, positiv motivierte Einstellungen zu erzeugen,
– die Teilnehmer zu stimulieren und zu aktivieren und
– Entscheidungen herbeizuführen, die im Interesse aller Gruppenmitglieder liegen.

Leistungsfähige, hochqualifizierte Moderatoren sind für jedes Unternehmen äußerst bedeutsame katalytische Elemente bei der Erschließung und Nutzung der kreativen Potentiale. Hier findet man in der Praxis noch erhebliche Defizite, die durch die Ausbildung geeigneter Mitarbeiter zu beseitigen sind.

Die Ideenfindungskonferenz/ Innovationsklausur

Unter einer Ideenfindungskonferenz oder Innovationsklausur ist der massive Anlauf zur Bewältigung eines anstehenden Problems zu verstehen, wobei dem konsequenten Einsatz von Kreativitätstechniken und systematisch-analytischen Methoden eine besondere Bedeutung zukommt. Eine Ideenfindungskonferenz sollte dann einberufen werden, wenn das betreffende Problem in Einzelarbeit nicht befriedigend bewältigt werden konnte, wenn es sich um ein für das Unternehmen sehr bedeutungsvolles Problem handelt und/ oder eine gute Lösung in relativ kurzer Zeit gefunden werden muß.

Ideenfindungskonferenzen bedürfen einer sorgfältigen Vorbereitung, und zwar im Hinblick auf die Aufbereitung des Inhaltlich-

Problematischen, die Zusammensetzung und Information der Teilnehmer sowie die räumlich-zeitliche Organisation und die Bereitstellung von Arbeitsmitteln und Anschauungsmaterial.

In den meisten Fällen ist eine Innovationsklausur mit 5 bis 7 Teilnehmern (oder bei zwei Gruppen mit 10 bis 14 Teilnehmern) optimal besetzt. Die Teilnehmer sollten nach fachlichen Gesichtspunkten (ein Team aus Experten und Laien gemischt erweist sich in der Regel als sehr fruchtbar) und in der Abschätzung ihrer Methodenkenntnisse ausgewählt werden. Großen Einfluß auf den Erfolg nimmt der Moderator, der bezüglich Problem, Lösungsstrategien und Methoden sowie Teamarbeit erfahren sein sollte.

Inhaltlich lassen sich in einer Ideenfindungskonferenz die Phasen Problemanalyse und -definition, Zielanalyse, Strukturierung und Zerlegung des Problems, Aufarbeitung der Teilprobleme, Bewertung und Lösungssynthese unterscheiden, wobei für jede Phase die angemessensten Methoden zu bestimmen sind. Alle Problemlösungsschritte sollten möglichst vollständig visualisiert werden; entsprechende Arbeitsmittel sind also bereitzuhalten. Eine sorgfältige Protokollierung aller erzielten Ergebnisse und Zwischenergebnisse ist von größter Wichtigkeit.

Ziel der Ideenfindungskonferenz ist es, möglichst viele Ideen und Lösungsansätze für das gestellte Problem aufzuzeigen. Dies wird durch die strikte Trennung der Phasen «Ideenfindung» und «Ideenbewertung» unterstützt. Dabei ist zu berücksichtigen, daß viele Ideen nur grobe Lösungsrichtungen beinhalten und deshalb vor der Bewertung in Einzelheiten ausgearbeitet werden müssen.

Abhängig von der Anzahl, der Komplexität und zu durchdringenden Tiefe der anstehenden Probleme kann eine Innovationsklausur von einem bis mehrere Tage dauern. Weder ein einzelner Tag noch die Konferenz insgesamt darf jedoch zu lange angesetzt werden, um die Teilnehmer nicht zu überfordern (konzentriertes Problemlösen ist äußerst erschöpfend!).

Sind die erzielten Leistungen bzw. Lösungen nach einer Ideenfindungskonferenz noch unbefriedigend, können mit zeitlichem Abstand eine oder zwei Wiederholungen erwogen werden. Dabei empfiehlt sich ein Wechsel der angewendeten Methoden und ein teilweiser personeller Austausch der Gruppe. Bleibt auch eine wiederholte Klausur ergebnislos, dann liegt nahe, die Problemstellung als solche entweder zu ändern oder ganz aufzuheben. Denn da im Rahmen einer Innovationsklausur eine größtmögliche Fülle von Gedanken zum Problem hervorgebracht wird, ist die Wahrscheinlichkeit groß, daß das anfänglich gestellte Problem mit einem vertretbaren Aufwand kaum zu lösen sein wird.

In welchen Schritten eine Ideenfindungskonferenz bzw. Innovationsklausur organisiert werden kann und abläuft, wird in Bild 3.4 schematisch aufgezeigt [39]. Diese Vorgehensweise ist auch auf die Anwendung von Methoden zur Ideenfindung in Gruppen generell übertragbar.

Um die Effizienz von Ideenfindungskonferenzen auf keinen Fall zu beeinträchtigen, sollte man für einen störungsfreien Ablauf

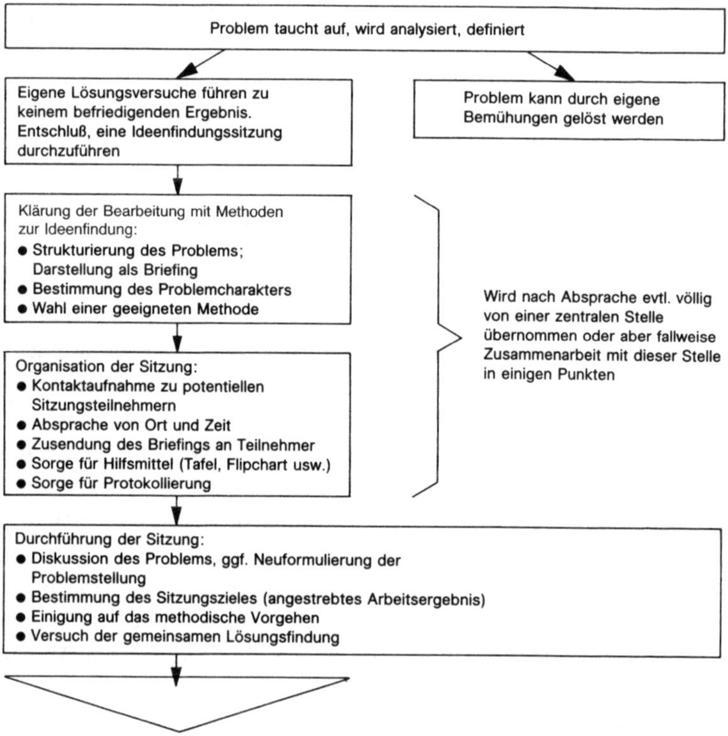

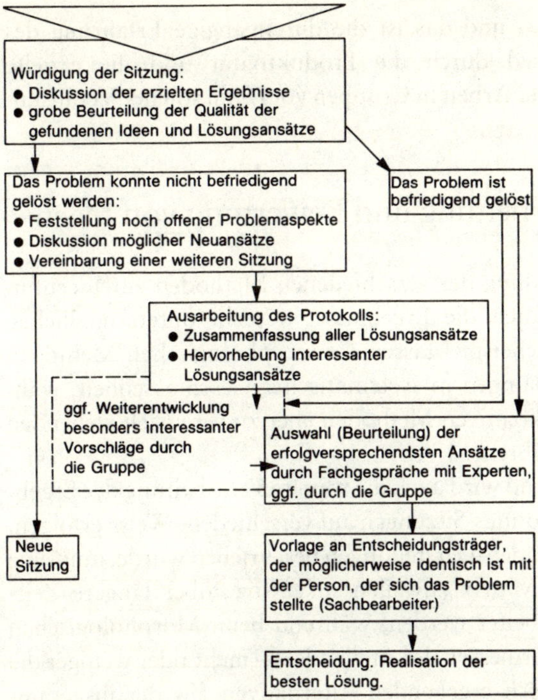

Bild 3.4 Organisation und Durchführung einer Ideenfindungskonferenz

sorgen, und kein Teilnehmer sollte – auch nicht zeitweise – aus der Konferenz bzw. Klausur abgerufen werden. Positiv wirkt sich aus, die Unternehmensumgebung für die Dauer der Konferenz zu verlassen und sich beispielsweise in ein kleines ländliches Hotel zurückzuziehen. Dort können in die Innovationsklausur kaum Störungen hineingetragen werden, der Wechsel der Umgebung stimuliert die Problemlösungsfähigkeit, es kommt bei den Teilnehmern bei einer mehrtägigen Klausur keine Feierabendunruhe auf, und sie haben Gelegenheit, sich auch einmal ungezwungener und offener als im Unternehmensalltag zu begegnen.

Es ist nicht ganz verständlich, warum so viele Unternehmen den Aufwand scheuen und überschätzen, der mit der Durchführung einer Innovationsklausur verbunden ist. Wer sich einmal hierzu entschlossen hat – und das ist die durchgängige Erfahrung des Verfassers –, wird durch die Produktivität und die erzielte Ideenfülle kreativer Arbeit in Gruppen vom Sinn solcher Veranstaltungen voll überzeugt.

Die Überarbeitung und Bewertung von Ideen

Bei der Anwendung der verschiedenen Methoden zur Ideenfindung fallen auch die Ergebnisse in recht unterschiedlichen Formen an. Zum Beispiel fassen die morphologischen Methoden die erzeugten Lösungen in systematischer Geschlossenheit, während die intuitiv-kreativen Methoden eher zu vereinzelt stehenden Ideenrohlingen führen.

Dementsprechend wird auch die weitere Verarbeitung der Ergebnisse aus Ideenfindungs-Sitzungen auf verschiedene Weise erfolgen. Wie bei den Methoden-Darstellungen beschrieben wurde, muß eine Morphologische Matrix zuweilen sukzessive, über längere Zeiträume durchgearbeitet werden, während beim Morphologischen Kasten – je nach Ermessen des Anwenders – mehr oder weniger die sich kombinatorisch ergebenden Alternativen aus der insgesamt großen Fülle in Betracht gezogen werden können.

Da Brainstorming die am häufigsten angewandte Methode zur Ideenfindung ist, wollen wir die Überarbeitung und Bewertung von Ideen ausgehend von einem Brainstorming-Protokoll veranschaulichen.

Das im Beispiel angeführte Problem wurde in ein Trainingsseminar eingebracht und von einer Übungsgruppe behandelt. Es wird hier thematisch in leicht verfremdeter Form vorgestellt.

1. Die Problemstellung

Ein Unternehmen stellt Pigmente her, die überwiegend in Farben und Lacke eingehen. Es existiert ein anwendungstechnisches Handbuch in der Form eines Loseblatt-Ordners, in dem die gesamte Angebotspalette an Pigmenten aufgeführt ist, mit Produktdatenblättern und zahlreichen verarbeitungstechnischen Hinweisen.

Dieses Handbuch wird mit gelieferten Produkten den Kunden übergeben. Adressat ist in den allermeisten Fällen der Entwicklungsleiter im Kunden-Unternehmen, der das Handbuch vermutlich in einem Regal in seinem Büro aufbewahrt.

Als Hersteller von Pigmenten sind wir daran interessiert, daß wir mit unseren Produkten beim Kunden möglichst präsent bleiben. Das anwendungstechnische Handbuch kann hierbei eine wesentliche Brückenfunktion ausüben. Wir möchten, daß es der Entwicklungsleiter (oder sonstige Besitzer) beim Kunden-Unternehmen intensiv benutzt. Daraus wird die etwas allgemeinere Fragestellung formuliert:

«Wie können wir erreichen, daß unser Handbuch vom Besitzer möglichst oft ‹in die Hand genommen› wird?»

2. *Das Brainstorming und die erzielten Rohideen*

Das Brainstorming-Team bestand aus sieben Teilnehmern, und der Ideenfindungsprozeß dauerte knapp eine halbe Stunde. In dieser Zeit notierte der Protokollant 99 Ideen und Anregungen. Alleine aus dieser überdurchschnittlichen Ideenmenge geht hervor, daß es sich – im Hinblick auf die Einhaltung der Brainstorming-Regeln – um ein gutes Brainstorming gehandelt haben muß. Das Studium des Protokolls verdeutlicht, daß

- diese Gedankenfülle in der kurzen Zeit nicht hätte entstehen können, wenn man begonnen hätte, einzelne Ideen kritisch zu debattieren,
- offensichtlich kein Teilnehmer eigene Gedanken unterdrückt oder verworfen hat – sonst wären manche skurrile Dinge nicht im Protokoll erschienen (z.B. die Ideen Nr. 7, 21, 26, 40, 44, 46, 64, 75, 90 oder 95),
- der Prozeß mit großer Spontaneität erfolgte,
- sich die Teilnehmer wechselseitig assoziativ anregten. In den Ideenfolgen 3–4–5, 25–26, 28–29–30 oder 78–79–80–81–82 ist zu erkennen, wie ein Gedanke einen anderen anstößt,
- ein Wechsel der Blickrichtungen neue Lösungsfelder öffnen kann, z.B. durch die Ideen Nr. 28, 61 oder 83.

Das Protokoll wurde am Flipchart erstellt und hatte folgenden Inhalt:

1. *farbig, auffallend, knallrot*
2. *Covergirl*
3. *muß lebensnotwendig sein*
4. *Cognacflasche integrieren*
5. *mit Zigarettenfach*
6. *Taschenplaner einfügen*
7. *nahe/im Kühlschrank deponieren*
8. *regelmäßige Ergänzungslieferungen*
9. *mit Jahreskalender*
10. *Infos, Stoff-Datensammlungen*
11. *muß Arbeitshilfsmittel sein*
12. *muß auf Schreibtisch liegen*
13. *Druckfehler einbauen, Korrekturlieferungen nachschicken*
14. *mit Stechkartenfach*
15. *handliches Format*
16. *anrufen, nach Daten fragen*
17. *Updates herausgeben*
18. *Wecker einbauen*
19. *per Anweisung die örtliche Lage bestimmen*
20. *Handbuch muß gut riechen*
21. *in der Toilette auslegen*
22. *Bleistiftspitzer integrieren*
23. *Taschenrechner*
24. *mit Piepser, der abgestellt werden muß*
25. *automatischer Vorlege-Mechanismus*
26. *eingebaute Feder: Handbuch fällt aus Regal*
27. *Spezialreinigungsmittel für Hände im Handbuch*
28. *Firmenadressen*
29. *Visitenkarten beilegen*
30. *Telefonliste*
31. *nicht überfrachten!*
32. *muß in die Tasche gesteckt werden können*
33. *Ledereinband*
34. *für das Handbuch im Fernsehen werben*

35. *Messetermine einfügen*
36. *außergewöhnliches Format: rund oder rautenförmig*
37. *Handbuch als Schreibtischablage*
38. *abwaschbar*
39. *mitlaufende Zeitschrift*
40. *wichtige Infos auf schlechter Papierqualität: Handbuch ist schnell kaputt und muß ersetzt werden*
41. *Landkarte integrieren*
42. *Kinofreikarten*
43. *Essensbons einlegen*
44. *Garderobehaken am Buch anbringen*
45. *mit Blumenvase*
46. *Handbuch muß regelmäßig gegossen werden, damit es erhalten bleibt*
47. *in mehrere Teile zerlegen*
48. *Seife im Handbuch, Auslage am Waschbecken*
49. *in der Kantine deponieren*
50. *Hologramm auf Rückseite*
51. *kleines Handbuch zum großen Handbuch*
52. *Ringbuch-Form*
53. *Poster: Did Your ask You Handbook today?*
54. *Werbegeschenke mit Verweis auf Handbuch*
55. *Aufkleber mit ebensolchem Verweis*
56. *Handbuch an Telefon koppeln*
57. *muß man sich um den Hals hängen können*
58. *Gutscheine darin verstecken*
59. *Rätsel integrieren*
60. *mit Kreuzworträtsel*
61. *Inhalte aufnehmen, die die Ehefrau interessieren*
62. *Witzregister*
63. *Vorschlagsliste für Geschenke*
64. *Handbuch muß eßbar sein*
65. *PC meldet Hinweis auf Handbuch*
66. *Handbuch auf Diskette/Festplatte*
67. *jeden Tag neues Handbuch schicken/Austausch*
68. *Radio im Handbuch*
69. *Fernseher*

70. *Telefon im Handbuch*
71. *Telefax*
72. *Uhr auf Buch*
73. *Produktmuster einlegen*
74. *Kaffee oder Tee im Handbuch*
75. *Beruhigungstabletten beifügen*
76. *Firmenlogo des Besitzers aufprägen*
77. *täglich in Umlauf schicken*
78. *nachts im Safe sichern*
79. *Handbuch muß teuer sein*
80. *Schrank mitliefern*
81. *vertrauliche Infos im Handbuch*
82. *muß Statussymbol sein*
83. *Hinweise auf Freizeitgestaltung*
84. *Handbuch muß rar sein*
85. *Ausleihliste vorsehen*
86. *anketten*
87. *Inhalte nicht kopierfähig*
88. *mit Kopierer verbinden*
89. *täglich wird nur eine Seite sichtbar*
90. *täglich erscheint neues Covergirl*
91. *Lottozahlen-Generator*
92. *Handbuch muß leuchten*
93. *als Schreibtischlampe ausbilden*
94. *Lichtschalter anschließen*
95. *muß schußfest sein*
96. *Verbindung zur Bürotür schaffen*
97. *für Kinder geeignet*
98. *Märchen-Teil*
99. *für neue Pigmente Farbmusterkarten schicken*

3. Überarbeitung des Rohprotokolls

Das während eines Brainstormings (oder einer anderen intuitiv-kreativen Ideenfindungsmethode) erstellte Protokoll wollen wir als *Rohprotokoll* bezeichnen. Es ist wenig empfehlenswert, daß man nun die Brainstorming-Gruppe verabschiedet und sich der Problemsteller bei der Sondierung der Ergebnisse ausschließlich auf dieses Rohprotokoll stützt. Denn:

1. Das Rohprotokoll stellt (notwendigerweise) eine so starke Verdichtung der aufgetauchten Gedanken dar, daß der Problemsteller – erst recht nach gewissem Zeitabstand – alleine nicht in der Lage ist, alle von den Teilnehmern vorstellungshaft entwickelten Ideen im Detail nachzuvollziehen.

2. Viele Ideen erscheinen auf den ersten Blick geradezu absurd, enthalten jedoch prinzipiell interessante Gesichtspunkte, aus denen realitätsnähere Lösungsansätze durch Ideen-Transformation herausentwickelt werden können.

Aus diesen Gründen sollten die Brainstorming-Teilnehmer (nach einer kleinen Rekreationspause) das Rohprotokoll in ein überarbeitetes Protokoll ausgestalten. Dieser Schritt umfaßt im einzelnen:

A. Konkretisierung solcher Ideen, die mit dem ersten Gedanken nur sehr vage und unscharf formuliert wurden.

Beispiele:

Idee-Nr. 10: Infos, Stoff-Datensammlungen

Welche Zusatzinformationen können/sollen wir aufnehmen? Über unser Unternehmen? Fachliche Beiträge aus Wissenschaft und Forschung? Worauf sollen sich die erwähnten Stoff-Datensammlungen beziehen?

Idee-Nr. 39: Mitlaufende Zeitschrift

An was wurde dabei gedacht? Kann unsere periodische Unternehmensschrift dies sein oder sollte eine spezielle Kundenzeitschrift konzipiert werden? Mit welchen Inhalten? Mit welchen Themen?

Idee-Nr. 47: In mehrere Teile zerlegen

Nach welchen Kriterien könnte eine solche Aufgliederung stattfinden? Sollen die einzelnen Bände auch als Loseblattordner erstellt werden oder in einem «taschengängigeren» Format? Würden sich ggf. die jeweiligen Teile an gesonderte Adressaten richten?

Idee-Nr. 58: Gutscheine verstecken

Was könnte mit den Gutscheinen angefordert werden? Zusatzinformationen? Inanspruchnahme unserer F & E-Einrichtungen? Wie sollen die Gutscheine im Handbuch «versteckt» werden?

Die Konkretisierung beziehungsweise Ausgestaltung von Ideen ist vor allem deswegen notwendig, damit die Güte einer Lösung nachfolgend überhaupt bewertet werden kann.

B. Transformation skurriler Ideen ins Machbare

Bei kreativen Prozessen geschieht es sehr häufig, daß der intuitive Gedanke einen *prinzipiell* wirksamen Lösungsweg in ein quasi fachfremdes Gewand kleidet. Wir sollten deshalb alle auf den ersten Blick absurd erscheinenden Ideen bezüglich des zugrundeliegenden Wirkprinzips hinterfragen und dann versuchen, diese in einer solchen Form umzusetzen, die mit unseren Problemlösungsbedingungen vereinbar ist.

Beispiele:

Idee-Nr. 2: Covergirl

Analyse: Es muß nicht näher begründet werden, daß dieser Vorschlag wortwörtlich von uns nicht in Betracht gezogen werden kann. Warum jedoch ist diese Idee aufgetaucht? Was hat sie ausgelöst?

Die Idee «Covergirl» bezieht sich auf einen quasi-automatischen Reiz-Reaktions-Mechanismus, auf den wir von Natur aus ansprechen. Wie, auf andere Weise, könnten wir solche natürlichen Mechanismen ausnutzen?

Folgerung: Bestimmte Gegenstände – wie ein Zahnrad, ein Reagenzglas oder eine Windrose – haben für Naturwissenschaftler und Techniker auf ähnlicher Wirkebene Symbolcharakter. Deshalb sollten wir erwägen, auf den Rücken des Handbuches ein in dieser Weise positiv assoziierendes Symbol abzudrucken.

Idee-Nr. 21: in der Toilette auslegen

Analyse: Der Gang zur Toilette ist einerseits unvermeidlich, andererseits bedingt er eine «Zwangspause», die inhaltlich ausgefüllt werden könnte.

Wo treten unvermeidliche Zwangspausen auf, die Gelegenheit bieten, im Handbuch zu blättern?

Folgerung: Zum Beispiel auf Reisen, in Hotels. Ließe sich also das Handbuch in ein «Vademecum» umgestalten, das man bei entsprechender Ausbildung und Inhalten (z.B. in Verbindung mit den Ideen 6, 28–30, 32, 35, 41) gerne auch unterwegs dabei hat?

Idee-Nr. 26: Eingebaute Feder: Handbuch fällt aus dem Regal

Analyse: Diese Idee enthält für uns den Hinweis, daß sich das Handbuch auf gewünschte Weise exponiert, wenn es «herausfällt», wenn es gewissermaßen dem Anwender in die Hand fällt.

Welche Ideen können sich daraus ergeben?

Folgerung: Das Format des Handbuches sollte so geändert werden, daß sein Rücken ein wenig über andere DIN-Ordner hinausragt. Es fordert dadurch stärker zum Zugreifen auf. Des weiteren könnte der Rücken beidseitig in der Mitte leicht eingemuldet werden, um das Handbuch noch leichter greifbar (als das des Wettbewerbers!) zu machen.

C. Eliminierung der unrealistischen Ideen

Sollte sich in manchen skurrilen Ideen kein Wirkprinzip erkennen lassen, das eine Transformation der Idee ins real Machbare ermöglicht, dann sollten diese Ideen nicht in das überarbeitete Protokoll übernommen werden. Man würde sonst lediglich unnützen Ballast weitertragen.

Im Beispiel «Handbuch» könnte dies eventuell auf die Hälfte aller Ideen zutreffen.

Diese relativ hohe Selektionsrate in der ersten Phase der Grobbewertung ist für Brainstorming-Ergebnisse jedoch keineswegs untypisch. Der Ideenfindungsprozeß schließt zwangsläufig mit ein, daß viele «Schüsse daneben gehen». Bedenken wir jedoch, daß in unserem Beispiel unter den anfänglichen 99 Ideen nur zwei bis drei neue und brauchbare Lösungsgedanken sein müssen – dann hat sich die Durchführung des Brainstorming mehr als gelohnt!

4. Bewertung der Ideen im überarbeiteten Protokoll

Die Erstellung des überarbeiteten Protokolls aus dem Rohprotokoll sollte auf jeden Fall durch die Brainstorming-Gruppe erfolgen. Hierbei sind alle Ideen-Urheber erforderlich, und vor allem für den Transformationsschritt «ins Machbare» bedarf es noch gemeinsam angeregter Kreativität.

In aller Regel wird die Gruppenarbeit zunächst an dieser Stelle beendet; die Ideenfindung zum Problem ist abgeschlossen. Die weitere Bewertung der Lösungsansätze im Detail erfordert nun meist so viele spezielle Kenntnisse der Problemsituation und deren besonderen Gegebenheiten, daß die Brainstorming-Teilnehmer – die ja großenteils aus anderen Fachgebieten stammen – daran gar nicht kompetent mitwirken könnten. Abgesehen davon: Sie hätten auch wohl nicht mehr die Zeit dafür.

Die weitere Auswertung geschieht also durch den Problemsteller selbst, vielleicht unterstützt durch den einen oder anderen Fachkollegen.

Da – wie in unserem Fall – auch das überarbeitete Protokoll noch um die 50 Ideen enthalten kann, muß eine Bewertungsstrategie angewandt werden, die mit möglichst geringem Aufwand, aber dennoch ausreichend zuverlässig, die erfolgversprechendsten Ideen herausfiltert.

Dabei kann es sehr zweckmäßig sein, als Vorstufe der Bewertung die Lösungsansätze nach Maßnahmenrichtungen zu ordnen und gleichartige bzw. ähnliche Ideen zusammenzufassen.

Ein Beispiel für solche Maßnahmenrichtungen:

1. Umgestaltungen der äußeren Form und des Aussehens des Handbuches (z. B. Ideen-Nr. 1, 32, 33, 36, 47,...)
2. Zusätzliche fachspezifische Ergänzungen (z. B. Ideen-Nr. 10, 17, 35, 73, 99)
3. Erhöhung des Zusatznutzens/Zweitnutzens (z. B. Ideen-Nr. 6, 9, 23, 30, 41,...)
4. Systemerweiterungen (z. B. Ideen-Nr. 8, 39, 51, 65, 66)
5. Informatorische bzw. kommunikative Maßnahmen (z. B. Ideen-Nr. 34, 53, 54, 55)

Ein Beispiel für die Zusammenfassung von Ideen: Aus den Anregungen 1, 2 (transformiert), 38, 76 und 92 ließe sich das Konzept formulieren:

«Einband des Handbuches in leuchtend-auffälliger Farbe, mit strapazierfähigem, abwaschbarem Einband. Auf dem Rücken befindet sich ein positiv-assoziatives Symbol, und der Name des Empfängers wird aufgedruckt, um eine persönliche Bindung herzustellen.»

Nach diesen Vorgliederungen und Zusammenfassungen sollten zunächst jene Anforderungen formuliert werden, die eine mögliche Lösung zwingend erfüllen *muß*. Solche Muß-Kriterien haben den Vorteil, daß sie schnell und zuverlässig mit «Ja» oder «Nein» beantwortet werden können und sicher jene Ideen eliminieren, die grundsätzlich nicht in Frage kommen.

Natürlich lassen sich solche Muß-Kriterien – wie Bewertungskriterien überhaupt – nur aus der konkreten Problemstellung und den damit verbundenen Zielen und Umständen herleiten. Insofern haben die jetzt genannten Muß-Kriterien, wie

MK 1: Alle Unterlagen im Handbuch müssen das Format DIN A4 haben
MK 2: Alle Maßnahmen müssen in unmittelbarem Sinnzusammenhang mit Pigmenten und deren Anwendung stehen

nur exemplarischen Charakter. Je nachdem, wie viele Muß-Kriterien angelegt werden, kann sich die Zahl der Alternativen sehr rasch von den beispielsweise genannten 50 auf zehn bis 15 reduzieren. Diese müssen dann nach weiteren entscheidungsrelevanten Kriterien überprüft werden, z. B.

- Abgrenzung zu Maßnahmen der Wettbewerber (Alleinstellung),
- Seriosität der vorgeschlagenen Maßnahme),
- vermutliche Aufmerksamkeits- und Erinnerungswirkung,
- Kosten der Maßnahme u. a.

Welche konkreten Bewertungs- und Entscheidungsmethoden dabei im Einzelfall – und über das Beispiel hinausgehend – angewandt werden können (Nutzwert- und Risikoanalyse, Polarprofile, Investitionsrechnungen usw.), soll nicht weiter referiert werden. Hier steht ein ähnlich differenziertes Instrumentarium wie das zur Ideenfindung und Problemlösung zur Verfügung [51 und 52].

Kapitel 4

ORGANISATION DER IDEENFINDUNG

Einführungsklippen

Ein Unternehmen gewinnt dann über systematisch-analytische und intuitiv-kreative Methoden zur Ideenfindung eine höhere Innovationsfähigkeit,

- wenn ausreichend viele Mitarbeiter (in innovativen Funktionsbereichen) die Methoden beherrschen,
- wenn die praktische Anwendung der Methoden sichergestellt wird und
- wenn die Methoden unter angemessenen Voraussetzungen angewandt werden.

Diese als notwendig zitierten Tatbestände muten zunächst als Bagatell-Anforderungen an. Um so erstaunlicher ist, wie viele Unternehmen mit unzureichenden Voraussetzungen an die Praxis systematischer Ideenfindung herangehen, dadurch zwangsläufig nur unbefriedigende Ergebnisse erzielen – und die Methoden zur Ideenfindung als «Unfug» oder «unnütze Spielerei» wieder verwerfen. Als verbreitete Ursachen für das Scheitern kreativer Ideenfindung kann man in der Praxis vor allem feststellen:

1. Unzureichender Erwerb von Methodenkenntnissen

Auf den ersten Blick erscheinen die Methoden zur Ideenfindung wegen der schnell auffaßbaren (wenigen) Regeln des Vorgehens als geradezu triviales Instrumentarium. Was läge also näher, als sich darüber «eben mal rasch» zu informieren, etwa durch einen Zeitschriftenartikel oder ein Halbtages-Seminar? Doch gerade in diesem Vorgehen liegt die Gefahr. Denn ist erst einmal eine Synektik-Sitzung ins Stocken geraten, oder der Aufbau eines Morphologischen Kastens schon bei der Formulierung der Parameter gescheitert, werden sich sehr schnell im Unternehmen genügend Personen finden, die «schon immer wußten, daß diese Methoden nichts als Humbug sind». Und damit ist das Thema Ideenfindung erst einmal für längere Zeit tabu.

2. *Mechanistische Betrachtung der Methoden*

Wir sind – auch in unserer Rolle als berufstätige Menschen – ziemlich «methodengläubig» und wünschen uns häufig Patentrezepte, die – schön schwarz auf weiß gedruckt – eindeutig vorschreiben, was man erstens, zweitens und drittens zu tun hat, um auch garantiert (und bitte rasch) zum Erfolg zu kommen.

Wer jedoch unter den Methoden zur Ideenfindung Mechanismen erwartet, die quasi automatisch und in beliebiger Fülle die phantastischsten Ideen auswerfen, kommt an einer Enttäuschung schwerlich vorbei. Diese Methoden können weder Wissen ersetzen noch uns das Denken abnehmen. Aber sie versuchen, uns produktivere Wege des Denkens nahezubringen und das vorhandene Wissen vielfältiger und kreativer zu verarbeiten. Dies wiederum setzt aber voraus, daß wir bereit sind, neue Denkgewohnheiten anzunehmen und uns auf ein verändertes Problemlösungsverhalten einzustellen. Wer hierzu die Bereitschaft nicht erbringen kann oder will, wird freilich auch aus den hochentwickeltesten Methoden zur Ideenfindung keinen Nutzen ziehen.

3. *Unterschätzung des Lern- und Trainingsbedarfs*

Kreatives Denken läßt sich zwar nachweislich signifikant steigern, aber auch mit Hilfe der Methoden zur Ideenfindung kann man sich diese Fähigkeit nicht spontan überstreifen wie einen neuen Rock. Die Entwicklung von Kreativität ist zwangsläufig an Lernprozesse gebunden, braucht Zeit und Übung, die nicht einfach übersprungen werden können. Und hierzu sind die Methoden zur Ideenfindung hervorragende Trainings-Instrumente.

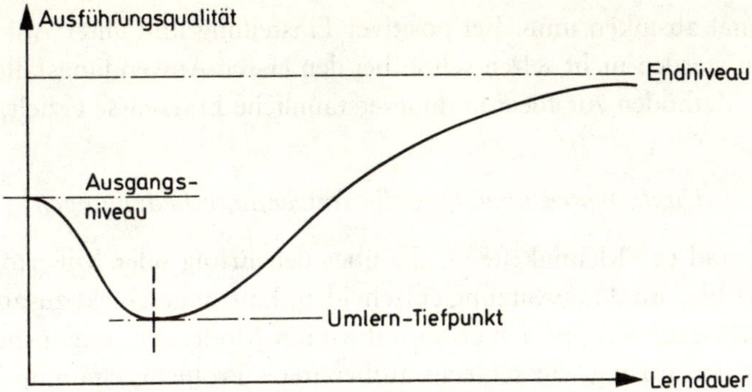

Bild 4.1 Verlauf einer Lernkurve

Jeder, der Tennis spielt und sich zum Beispiel einen wirkungsvolleren Aufschlagstil aneignen möchte, wird die Erfahrung machen, daß seine ersten Versuche mit dem ungewohnten Bewegungsablauf zunächst einmal zu katastrophalen Ergebnissen führen werden. Kaum, daß der Ball überhaupt das Aufschlagfeld hinter dem Netz erreicht. Er wird also feststellen, daß Lernprozesse, die auf ein verändertes Verhalten abzielen, die bisherige Ausführungsqualität erst absinken lassen. Die Lernkurve – siehe Bild 4.1 – führt also zunächst einmal nach unten. Allmählich gewöhnt man sich jedoch an den neuen Ablauf und profitiert von seiner Richtigkeit. Die Lernkurve steigt an und erreicht schließlich ein Ausführungsniveau, das über dem vor Lernbeginn liegt.

Auch bei der Anwendung der Methoden zur Ideenfindung kann der Fall eintreten, daß sich bei den ersten, ungeübten Versuchen nur magere Ergebnisse einstellen. Leider wird in manchen Unternehmen dann vorschnell befunden, daß man diese «seltsamen Methoden» doch besser wieder aufgeben und zum üblichen Problemlösen zurückkehren sollte. Schade, denn ein paar Anwendungsfälle mehr, etwas mehr Gewöhnung an die Besonderheiten kreativer Prozesse, etwas mehr Erfahrung beim gemeinsamen Andenken von Innovationsproblemen, und man wäre in die Phase der «Aufwärtsentwicklung» gelangt.

Aber es ist auch zu betonen, daß die Lernkurve nicht immer erst einmal absinken muß. Bei positiver Einstellung und guter Anleitung werden nicht selten schon bei den ersten Anwendungsfällen der Methoden zur Ideenfindung erstaunliche Ergebnisse erzielt.

4. Unklarheiten über spezielle Anwendungsbedingungen

Oft sind es «Kleinigkeiten», die über den Erfolg oder Mißerfolg einer Ideenfindungs-Sitzung entscheiden: Eine ungeschickt zusammengesetzte Gruppe, ein etwas autoritärer Moderator, ungünstige Zeit der Sitzung, ein schlecht aufbereitetes Problem, eine unpassend gewählte Methode – und schon wird die Ideenfindung holperig, und anstelle von Kreativität stellt sich Mißmut ein. Mangelnde Kenntnis des «Wann» und «Wie» die Methoden zur Ideenfindung einzusetzen und wie Ideenfindungssitzungen zu organisieren sind, können die erfolgreiche Anwendung des Instrumentariums ebenso in Frage stellen wie mangelnde Kenntnisse über die Wirkungsweisen der Methoden selbst.

5. Punktuelle Ausbildung

Ein sehr schwerwiegendes Transferproblem aller betrieblichen Weiterbildungsmaßnahmen besteht darin, das einem Mitarbeiter zugänglich gemachte Wissen intern zu streuen und in die tägliche Arbeit einfließen zu lassen. Erkennbare Transferblockaden sind dabei:

– unzureichende Zeit und Fähigkeit des Mitarbeiters, sein Wissen an Kollegen zu vermitteln,
– mangelnde Bereitschaft der Kollegen («Der glaubt wohl, jetzt wüßte und sei er etwas Besonderes!» «Der Prophet gilt nichts im eigenen Lande»), dieses Wissen aufzunehmen,
– Wissensverblassung bei verzögerter Gelegenheit der Anwendung.

Die verbreitete Weiterbildungspraxis besteht überwiegend darin, daß bestimmte Wissensinhalte jeweils an Einzelpersonen herangetragen werden, die sich quer aus allen Unternehmensbereichen rekrutieren – sei es, daß sie an internen, von der Zentralen

Weiterbildung organisierten Veranstaltungen (mit eigenen oder fremden Referenten) teilnehmen, sei es, daß sie auf individuellen Antrag oder nach Meinung des Vorgesetzten externe Seminare oder Lehrveranstaltungen besuchen.

Dieses Gießkannenprinzip – siehe die genannten Transferblokkaden – wirkt sich gerade auf die angestrebte Anwendung von Kreativitätstechniken fatal aus, da diese typischerweise in Gruppen durchzuführen sind. Und wer wagt es schon, frisch vom Seminar kommend, seine nichtinformierten Kollegen zu einer Synektik-Sitzung zu bitten?

Es ist bedauerlich, daß sich nur wenige Unternehmen zu einer bereichs-, abteilungs- oder arbeitsgruppenweisen Schulung ihrer Mitarbeiter in Methoden zur Ideenfindung entschließen können. Eine punktuelle Ausbildung ist erfahrungsgemäß eine zu schwache Basis, um Ideenfindung im Unternehmen fest zu etablieren. Die zu Schulenden ahnen das und stellen in jedem der offenen Seminare denn auch die besorgte Frage, welche der gezeigten Methoden man wohl alleine anwenden könne.

6. Mangelnde Moderationserfahrung

Bei den ersten Versuchen kreativer Ideenfindung verhalten sich verständlicherweise viele Teilnehmer noch zurückhaltend und zeigen eine gewisse Scheu, frei und ungehemmt phantasievolle und spekulative Ideen zu entwickeln. Dieses Verhalten prägt sich zwangsläufig noch mehr aus, wenn keiner der Teilnehmer so richtig «sattelfest» in der Anwendung der Methoden ist.

Solche Anlaufschwierigkeiten lassen sich wesentlich reduzieren, wenn in einem Unternehmen erfahrene Moderatoren in der Trainingsphase der Ideenfindung zur Verfügung stehen, die die Fähigkeit besitzen, auf ungezwungene Art eine anregende, kreativitätsfördernde Atmosphäre zu erzeugen, die den anderen Mitarbeitern ein ermunterndes Beispielverhalten anbieten und Stockungen und auftretende methodische Unsicherheiten gekonnt überwinden.

Für jedes Unternehmen ist es äußerst empfehlenswert, einige aufgrund ihrer Persönlichkeit geeignete Mitarbeiter als Moderatoren heranzubilden oder in einer Übergangszeit auf erfahrene externe Experten zurückzugreifen, die während einer begleitenden Trainingsphase in Methoden zur Ideenfindung die Entwicklung unternehmensinterner Moderatoren unterstützen.

7. Personelle Widerstände

Wird in einem Unternehmen den Mitarbeitern ein Training in Methoden systematischer und kreativer Ideenfindung mehr oder weniger «verordnet», dann mag bei manchen von ihnen das Gefühl entstehen, sie würden deshalb zum Mitmachen verpflichtet, weil ihre bisherigen Leistungen unzureichend und zu wenig schöpferisch gewesen seien. Begreiflicherweise muß aus diesem Empfinden eine verteidigende Abwehrhaltung gegen die Methoden zur Ideenfindung erwachsen, und zur Aufrechterhaltung ihres Selbstwertgefühls sehen sich die Betroffenen geradezu dem Nachweis verpflichtet, «daß mit diesen Methoden auch nicht mehr rauskommt als bisher!» Dieser Nachweis wird dann so erbracht, daß man bereits im ersten Trainingsseminar die Brauchbarkeit der Methoden in Frage stellt, daß man versteckt eine konstruktive Kooperation verweigert und durch pointiertes Desinteresse seine Meinung kundtut, daß hier nur Zeit vergeudet wird.

Will man die Methoden zur Ideenfindung an die qualifizierten Mitarbeiter (wären sie nicht qualifiziert, dann würden sie nicht ihre jetzigen Stellungen bekleiden!) zum Beispiel in Forschung, Entwicklung oder Marketing herantragen, dann darf aus der Planung entsprechender Maßnahmen keinesfalls der Unterton herausklingen, man wolle dies, «damit Sie endlich mal kreativer werden», sondern – was den Tatsachen besser entspricht –, «damit Sie ein Instrumentarium kennenlernen können, das viele Chancen beinhaltet, Ihre Kreativität zu unterstützen und weitere Impulse in Ihre Problemlösungsarbeit zu tragen».

8. Fehlende organisatorische Begleitmaßnahmen

Ein in allen Unternehmen durchgängig beobachtbares Phänomen ist die Priorität von Tagesgeschäften und -routinen vor zukunftssichernden Aufgaben und der Durchführung von Neuerungen.

Dieses Phänomen versucht man in der Regel durch Sachzwänge zu erklären («Dringende Angelegenheiten gehen vor ...», «Keine Zeit ...», «Völlig mit anderen Aufgaben überlastet ...»), häufig könnte eine tiefergehende Analyse jedoch auch andere Gründe zutage fördern, wie etwa die Scheu vor der Konzeption und Durchführung neuer Lösungen. Denn sind wir einmal ehrlich: Routinen haben auch etwas sehr Bequemes an sich. Die Flucht vor Veränderungen entschuldigt sich auch durch den heutzutage anerkanntermaßen hohen Prestige- und Moralwert arbeitsmäßiger Überbelastung. Gelegentlich nehmen die betonten Hinweise auf «meinen 12-bis-14-Stunden-Tag» oder «meine 80-Stunden-Woche» so unverständliche Koketterie-Formen an, daß man glauben möchte, es käme wirklich nur mehr auf die Menge, nicht mehr auf Inhalt und Ergebnis der Arbeit an. Es soll nun keineswegs dahingehend argumentiert werden, daß wir unsere Tätigkeiten erst einmal alle niederlegen sollten. Vielmehr geht es darum, sich dem weitgehend unantastbaren Statussymbol der Arbeitsüberlastung kritisch und unbefangen zu nähern und zu fragen, ob man nicht auch sehr viel überflüssige Arbeit tut oder man Routinen nicht produktiver abarbeiten könnte, um Zeit für innovative Tätigkeiten freizusetzen.

Es besteht jedoch die Gefahr, daß z.B. über ein Training getroffene Initiativen zur Einführung systematischer Ideenfindung sehr schnell wieder versanden, wenn nicht bald darauf die frisch erworbenen Methodenkenntnisse in ausreichend vielen Anwendungsfällen praktiziert werden können.

Einzeln ausgebildete Mitarbeiter zögern, gerade in der Anfangsphase der Ideenfindung selbst Ideenfindungssitzungen zu organisieren, denn sie fürchten (zu Recht), dabei auf einige Schwierigkeiten zu stoßen:

- Sie fühlen sich noch methodisch unsicher.
- Sie fürchten, man mag ihnen vorwerfen, sie könnten ihre Probleme nicht alleine bewältigen.
- Sie haben nicht die Kompetenzen, um weitere Kollegen, auch aus anderen Abteilungen, zu einer Sitzung freizustellen.
- Sie erfahren Ablehnung «aus Zeitgründen».

Damit das zarte Pflänzchen Ideenfindung nicht alsbald wieder abstirbt, ist deshalb dringend geraten, es durch organisatorische Maßnahmen zu schützen. Beispielsweise können in festem Turnus Übungssitzungen geplant werden, in denen man praktische Probleme behandelt, Kreativ- oder Innovationsteams gebildet werden, deren Mitglieder für bestimmte Zeitanteile zur Hervorbringung neuer Ideen zu definierten Projekten freigestellt sind, oder ein oder zwei Mitarbeiter speziell mit der Querschnittsfunktion beauftragt werden, ihre methodischen Kenntnisse zu erweitern und anderen Stellen des Unternehmens als Organisatoren und Moderatoren von Ideenfindungskonferenzen zur Verfügung zu stellen.

9. Zu hohe Ansprüche

Der noch teilweise den Kreativitätstechniken anhaftende Mythos, groß aufgemachte Artikel über erfolgreiche Ideenfindung und das Bewußtsein, Zeit und Geld in Trainingsmaßnahmen investiert zu haben, steigert zuweilen die Ergebniserwartungen an Ideenfindungssitzungen so unnatürlich, daß man über die erzielten Resultate grundsätzlich enttäuscht ist und Blick und Maß für deren wirklichen Wert verloren hat. Hier sind im Unternehmen vernünftige Erwartungshaltungen aufzubauen, und objektive Beurteilungen führen dann auch in den weitaus meisten Fällen zu der befriedigenden Feststellung, daß mit systematischer Ideenfindung nicht nur mehr und bessere Ideen hervorgebracht werden, sondern daß man auch sehr viel Zeit bei der Lösung von Problemen einspart.

Einführungsstrategie

Um die Methoden zur Ideenfindung in ein Unternehmen einzuführen und um deren angemessene praktische Anwendung sicherzustellen, hat sich in der Praxis eine Vorgehensweise in folgenden Schritten bewährt:

1. Übersichtsveranstaltung

für Mitglieder der Geschäftsleitung und die oberen Führungskräfte. Ziel dieser Veranstaltung, die einen halben bis einen Tag dauern sollte, ist es, das Führungspersonal über Wesen, Einsatzmöglichkeiten und erwartbare Ergebnisse der Methoden zur Ideenfindung zu informieren, die Einflußfaktoren auf die Entfaltung von Kreativität bewußt zu machen und grundsätzliche Maßnahmenbereiche der unternehmensinternen Kreativitätsförderung zu diskutieren.

Neuerungen in einem Unternehmen lassen sich wegen der Hierarchie der Leistungsbeziehungen naturgemäß sehr viel einfacher «von oben nach unten» durchsetzen. Deshalb ist eine wichtige Voraussetzung, daß entsprechende «Machtpromotoren» die Einführung der systematischen Ideenfindung gutheißen und kraft ihrer Kompetenz für die Durchsetzung entsprechender Maßnahmen sorgen.

2. *Maßnahmenplan*

Als Ergebnis der Übersichtsveranstaltung sollte ein Maßnahmenplan entworfen und verabschiedet werden, der mit nachgelagerten Stellen, vor allem mit den Vertretern der mittleren Führungsebene, beraten werden sollte und zum Beispiel in der Festlegung der weiter besprochenen Schritte besteht.

3. *Grundkurs für das mittlere Management*

Die Abteilungsleiter, zahlenmäßige Hauptvertreter des mittleren Managements, nehmen bei der Einführung und insbesondere bei der kontinuierlichen Verankerung systematischer Ideenfindung im Unternehmen Schlüsselrollen ein. Denn einerseits sind auf dieser Führungsebene die Kompetenzen ausreichend, um zum Beispiel abteilungsweit Ideenfindungskonferenzen anzuregen und zu organisieren, zum anderen haben Abteilungsleiter noch so engen Fachkontakt zu den bearbeiteten Problemen, daß sie im Einzelfall die Anwendung einer bestimmten Methode zu einem vorliegenden Problem befürworten können.

Der 2- bis 3tägige Grundkurs für das mittlere Management bezweckt, auf dieser Ebene solide Methodenkenntnisse anzusiedeln und die Anwendungsmöglichkeiten und -bedingungen der Methoden zur Ideenfindung bei den Abteilungsleitern transparent zu machen. Ziel ist natürlich auch, Motivationen für den Einsatz der Methoden zu erzeugen.

Um nicht Eindrücke des Übergangenseins oder Gefühle der Zurücksetzung zu wecken, sollte der Grundkurs allen Vertretern des mittleren Managements angeboten werden, also auch jenen, in deren Arbeitsgebieten weniger Anlässe auftauchen, Kreativitätstechniken produktiv einzusetzen.

4. *Grundkurse für Mitarbeiter*

Die Abteilungsleiter diskutieren die Erfahrungen aus den Grundkursen mit ihren Mitarbeitern und bestimmen gemeinsam mit diesen, wer von ihnen (zunächst) an einem mehrtägigen Trainingsseminar teilnehmen sollte. Dabei läßt sich jetzt schon beraten, wie die spätere Umsetzung in die Praxis vorgenommen werden könnte.

Entsprechend den zu bearbeitenden Aufgaben werden natürlich die unterschiedlichen Abteilungen diese Grundkurse nicht in gleicher Intensität beschicken, sondern Abteilungen aus dem Forschungs-, Entwicklungs-, Marketing- und Produktionsbereich werden mehr Mitarbeitern die Teilnahme empfehlen als beispielsweise Einkauf oder Rechnungswesen.

Wünschenswert ist, daß – entweder auf einmal oder in kurzer Folge – so viele Mitarbeiter einer Abteilung diesen Grundkurs absolvieren, daß danach wenigstens eine arbeitsfähige Ideenfindungsgruppe konstituiert werden kann. Bei internen Seminaren (die jedoch wegen der günstigeren «Sozialisierungseffekte» außer Haus durchgeführt werden sollten) würden die Mitarbeiter aus zwei Abteilungen eine ideal große Seminargruppe von etwa 12 bis 14 Teilnehmern bilden. Zu Inhalt und Charakter solcher Seminare noch einige Anmerkungen:

Es ist empfehlenswert, die Seminarteilnehmer vor dem Erlernen des eigentlichen methodischen Rüstzeugs mit einigen grundlegenden Zusammenhängen über Einflußfaktoren auf kreative Denkprozesse vertraut zu machen. Erst ein Mindestverständnis über individual- und sozialpsychologische Wechselwirkungen gibt Einsicht in die Gestaltung einer kreativitätsfördernden Umgebung und in elementare Bedingungen des Problemlösungsverhaltens in Gruppen. Es empfiehlt sich ferner, ein einführendes Training zunächst auf Grundmethoden zur Ideenfindung zu beschränken, d.h. auf

Methoden, die besonders typische Heuristiken für kreative Ansätze enthalten und die im Hinblick auf ihre Verbreitung eine Sonderstellung einnehmen. Hier sind vor allem Brainstorming, Brainwriting, Reizwortanalyse, TILMAG-Methode und Morphologischer Kasten zu nennen. Wurden diese Methoden gründlich angeeignet, dann ist im Normalfall ein leichter, oft autonomer Übergang auf weitere Methoden möglich.

Kreatives Denken und Problemlösen kann nicht passiv und in kurzer Zeit erlernt werden, sondern der Erfolg ist eng an das Maß der Eigenaktivität gekoppelt. Seminare über Kreativitätstechniken müssen deshalb unabdingbar hohe Übungs- und Diskussionsanteile enthalten. Aus mehreren Gründen ist es dabei vorteilhaft, die Übungsprobleme weitgehend aus dem Arbeitszusammenhang der Seminarteilnehmer zu wählen: Das Problemverständnis ist von vorneherein gegeben, man vermeidet also Unklarheiten und langwierige Erklärungen; die Brauchbarkeit der Methoden bei der Bearbeitung eigener Problematiken kann unmittelbar beurteilt werden (während ausgefeilte Standardprobleme hier gewisse Zweifel hinterlassen); man erzielt zu den aktuell anstehenden Aufgaben einen Problemlösungsfortschritt, d. h. einen unmittelbaren Nutzen, der die Aufwendungen des Unternehmens für das Training wenigstens teilweise kompensiert.

«Learning by doing» ist für die erfolgreiche Anwendung von Methoden zur Ideenfindung typischer als für viele andere Lehrinhalte. Um einen ausreichenden Übungsanteil sicherzustellen, sollte ein Trainingsseminar deshalb keinesfalls kürzer als zwei Tage sein, wenn es positive Auswirkungen zeitigen soll. Gute Erfahrungen liegen mit Trainingseinheiten von 4 oder 5 Tagen vor. Dieser Zeitraum gibt ausreichend Gelegenheit für die Seminarteilnehmer, wechselnd unterschiedliche Rollen beim Problemlösen in Gruppen auszuüben und – was besonders wichtig ist – ansatzweise in die Moderatorfunktion hineinzuwachsen. Dadurch gewinnt man die notwendige Sicherheit zum eigenständigen (und erfolgreichen) Anwenden der Methoden im Unternehmen.

5. Moderatorentraining

Nachdem die in den Grundkursen geschulten Mitarbeiter die Methoden zur Ideenfindung – eventuell zunächst noch unter Begleitung eines externen Spezialisten – an praktischen Problemen erprobt haben, sollte man den besonders interessierten und geeigneten unter ihnen (wenigstens aber einem Mitarbeiter aus jeder Abteilung) ein spezielles Moderatorentraining anbieten, das in zwei bis vier Trainingseinheiten aufgeteilt werden kann und insgesamt mindestens eine, besser aber zwei Wochen umfassen sollte.

Inhalte dieses Seminartyps sind:

- spezielle Methoden zur Ideenfindung und Anwendungsvarianten der Grundmethoden; vertiefte Behandlung der Frage nach der richtigen Methodenauswahl,
- Methoden der Problemanalyse,
- Aufbereitung komplexer Probleme in Teilprobleme; Entwurf konsequenter Problemlösungsstrategien,
- Techniken der Bewertung und Entscheidungsbildung

sowie speziell auf die Begegnung mit der Gruppe ausgerichtet:

- Prinzipien effizienter Kommunikation und Kooperation,
- Rollenverhalten in Gruppen,
- Behandlung von Konflikten und Spannungen,
- Sensibilisierung der Fremd- und Selbstwahrnehmung,
- Techniken zur Stimulierung und Aktivierung der Problemlösungsenergien von Gruppenmitgliedern.

Für diese Trainingsinhalte sind bewährte Instrumente der Gruppendynamik heranzuziehen.

6. Institutionelle Verankerung

Die organisatorische Stabilität systematischer Ideenfindung festigt sich endgültig im Unternehmen, wenn unter der Schirmherrschaft eines Machtpromotors (möglichst aus der Geschäftsleitungs- oder Vorstandsebene) und der Impulsgebung eines Sachpromotors (hohe Kompetenz zu allen Ideenfindungsfragen) konkrete Innovationsprogramme als abteilungsinterne Maßnahmen oder in der

Form des Projektmanagements organisiert und (in der Zusammensetzung wechselnde) Innovationsteams gebildet werden. Je nach Unternehmensgröße kann es sich sogar anbieten, daß der Sachpromotor als Inhaber einer «Stabstelle Innovation» fungiert, die allen anderen Abteilungen in allen organisatorischen, inhaltlichen und Ausführungsfragen als Service-Stelle zur Verfügung steht. Für eine derartige Stabstelle wäre es auch sinnvoll, gleichzeitig das innerbetriebliche Vorschlagswesen zu betreuen und eine jedem zugängliche «Ideenbank» einzurichten.

Zieht man einen Strich unter die geschilderte Einführungsstrategie, dann ist freilich festzustellen, daß ganz ohne Aufwand das Ziel systematischer und erfolgreicher Ideenfindung nicht realisiert werden kann. Es ist jedoch zu bedenken, daß die meisten Trainingsmaßnahmen weitgehend als «training-on-the-job» gestaltet werden können und durchaus bereits Ergebnisäquivalente zeitigen. Es ist durchaus keine Seltenheit, daß der Wert der während eines Seminars erzielten Ideen höher anzusetzen ist als die verursachten Kosten.

ANHANG

Beispiele zur Anwendung von Methoden zur Ideenfindung

Problem: Wie kann man die Möglichkeiten des Kurzparkens in der City verbessern?

1. Stufe: Es sollen genügend Parkplätze vorhanden sein!

Frage: Wie kann man mehr Parkplätze schaffen?

- durch Vergrößerung der Parkflächen: Hochbau, Tiefgaragen, aufs Wasser, über Bahnkörper,
- bessere Ausnutzung der gegebenen Flächen:
  - keine vorgezeichneten Plätze (Parkscheiben),
  - kürzere Autos,
  - Hängen in Parkhäusern.

2. Stufe: Worauf kommt es eigentlich an?
Man möchte mit dem Auto kurze Besorgungen machen!

Frage: Was kann man tun, um das zu erreichen?

- Dauerparken sehr stark belasten oder verbieten,
- Autoschalter – Drive-in's,
- Einkaufszentren am Rande der Großstädte,
- Ausdehnung der Ladenöffnungszeiten.

3. Stufe: Worauf kommt es eigentlich an?
Man will Lasten und Informationen austauschen können.

Frage: Wie kann man das erreichen?

- Leihautosystem mit Einheitsautos,
- leistungsfähige öffentliche Verkehrsmittel – U-Bahn, Bänder,
- Benutzung öffentlicher Verkehrsmittel; Zustellung der Waren durch die Geschäfte.

4. Stufe: Worauf kommt es eigentlich an?
Muß man überhaupt in die City?
Eine flexible Kommunikation soll möglich sein!

Frage: Wie kann man das erreichen?

- telefonische Auftragsdienste,
- Hausauslieferungs- und Abholdienste (Wäscherei u. ä.),
- Fernsehtelefon für Warenauswahl, Arztferndiagnose, Unterschriftsprüfung, Vorzeigen einer Scheckkarte, Konferenzschaltungen, Anleitungsdienste (Reparaturen; Unfallhilfen),
- Zusammenrücken von Wohn- und Kommunikationsbereichen:
  Städtebau: stärkere Ausnützung der vertikalen Dimension.

Bild A.1 Beispiel einer Progressiven Abstraktion [40]

Parameter	Alternativmöglichkeiten					
Ort der Abnahme des Zündzeitpunktes t_0	Kurbelwelle	Nockenwelle	Spezialgetriebe	Kolbenstellung	Drucküberwachung im Zylinder	
Art der Abnahme von t_0	Mechanischer Geber	Magnetischer Geber	Induktiver Geber	Kapazitiver Geber	Strahlungsgeber	Optischer Geber
Kriterien für Zündverstellung $\pm \Delta t$	Drehzahl	Unterdruck im Ansaugrohr	Drucküberwachung im Zylinder	Kombinationen		
Mittel für Zündverstellung	Mechanisch	Elektrisch	Hydraulisch	Pneumatisch	Kombinationen	
Realisierung der Zündung	Selbstzündung	Glühzündung	Elektrischer Funken	Chemische Zündung		
Verteilung der Zündenergie auf die Zylinder	Mechanisch	Elektrisch	Hydraulisch	Pneumatisch	Zündeinrichtung individuell pro Zylinder	Keine Verteilung

Bild A.2 Morphologischer Kasten zum Aufzeigen alternativer Möglichkeiten, Kolbenverbrennungsmaschinen zu zünden [41]

Parameter	Lösungsmöglichkeiten (Mischungskomponenten)			
Waschaktivität	Seife	Alkylbenzol-sulfonate	Alkylsulfate	...
Bleichwirkung	$NaBO_2 \cdot H_2O_2 \cdot 3\,H_2O$	$Na_3PO_4 \cdot 12\,H_2O \cdot \frac{1}{4}NaOCl$	$C_3N_3O_3Cl_2Na$	...
Wasserenthärtung	Na_2CO_3	$Na_5P_3O_{10}$	$N(CH_2COONa)_3$	...
Alkalisierung	Natriumsilicate	Kalium-silicate	....	...
optische Aufhellung	Stilbenderivate	Triazol-derivate	Äthylenver-bindungen	...
Schmutzdispergierung	Carboxymethyl-cellulose	Alcalisilicate	....	...
Schaumbildung	Fettsäureamide	Äthylenoxid-addukte	Behenate	...
Füll- und Trägerwirkung	NaCl	Na_2SO_4	....	...
Anticaking-Wirkung	Benzolsulfonat	Toluolsul-fonat	Magnesiumsilicat	...
Geruchsverbesserung	....	....	....	...
Färbung	....	....	....	...

Bild A.3 a Morphologischer Kasten über Mischungsprodukte am Beispiel der synthetischen Waschmittel [42]

Parameter	Ausprägungen					
Dienst-leistg.-Funktion	Pflegen, Warten	Repa-rieren	Ver-leihen	Beraten, Infor-mieren	Um-bauen	Konser-vieren
Objekt-bereich	Pkw	Klein-Lkw	Motor-getr. Geräte			
Zielgruppe	Private Haus-halte	Indu-strie	Hand-werk	Öffentl. Ein-richtg.		
Personal-herkunft	Eigene Werk-statt	Werk-stattver-bund	Teilzeit-kräfte	Sonstige Partner		
Geschäfts-zeit	Übliche Arb.-Zeit	6–22 Uhr	Auch an Feier-tagen	Rund um die Uhr		
Abrech-nungs-verfahren	Einzel-auftrag	Pau-schale	Quar-talsw. Abrech-nung	Halb-jährl. Abrech-nung		
Firmierung	Beste-hende Firma	Neue Firma				

Bild A.3 b Morphologischer Kasten im Rahmen der Planung neuer Dienstleistungen für Kfz-Werkstätten

Parameter	Ausprägungen der Parameter									
Titelheld (P1)	Journalist	Kriminalrat	Playboy	Sportler	Gangster	Oberst a.D.	Student	Filmstar	Kammerjäger	Gastarbeiter
Ermordeter (P2)	Reiche Ehefrau	Reicher Ehemann	Stadtrat	teures Rennpferd	Minister	Wermutbruder	Spion	Vorgesetzter	Prostituierte	Show-Master
Todesursache (P3)	Erschrecken	Erschießen	Erdolchen	nicht feststellbar	Selbstmord (erzwungen)	Von Klippe gestürzt	Gift	gespielter Unfall	Erwürgen	Erhängen
Ort der Handlung (P4)	London im Nebel	Pariser Nachtclub	Altersheim	Golfplatz	Hawaii	Sierra Madre	Frankfurter Börse	Urwald	Arbeitsplatz	Kommunistisches Land
Mörder (P3)	Erbe (männl. od. weibl.)	Gärtner	Titelheld	Bezahlter Killer	Pfarrer	Panzerknacker AG	Konfirmandin	Mafia-Boß	Tante Hedwig	bankrotter Fabrikant
Motiv (P6)	Geldgier	Blutgier	Neugier	Gewohnheit	erotischer Kitzel	aus Versehen	Vergeltung	Mitwisser beseitigen	in Trunkenheit	Ermordeter hatte Pickel
Aufklärung durch (P7)	Zufall	Indizien	Verstand des Titelhelden	Selbstanzeige	nie aufgeklärt	Spuren im Schnee	geheimes Schriftstück	CIA	Methoden zur Ideenfindung	Traumerscheinung
Happy-End (P8)	Titelheld heiratet Millionengirl, Straßenbahnschaffnerin, Oma Duck, gar nicht, Putzfrau, Erbtante, Indianerin, Prinzessin o. dgl.			Leiche war nur scheintot	Großes, unerwartetes Erbe aus Timbuktu	Prinzessin wird zum Frosch	Alter Schatz entdeckt	Gelähmter Titelheld kann wieder gehen	Herrenlose Katze bleibt bei Tante Elli	Versöhnung mit dem (edlen) Mörder

Bild A.4 Dieses Beispiel eines Morphologischen Kastens über Kriminalstories dient nicht nur zur Auflockerung, sondern will auch die Anwendungsbreite dieser Methode verdeutlichen [43].

5. Sequentielle Morphologie

Problemstellung: Ein Unternehmen, das Bauzubehör-Produkte herstellt und vertreibt, möchte in den Bereich «Wandbeläge» diversifizieren.

Aufgrund der augenblicklichen Unternehmenssituation stellt man an ein Diversifikationsobjekt folgende Anforderungen: Es soll auf vorhandenen Anlagen hergestellt werden können, über das augenblickliche Vertriebsnetz absetzbar sein, einen ausreichenden Umsatz gewährleisten, auf das derzeitige Produktionsprogramm abgestimmt sein und möglichst geringe Anlaufkosten verursachen.

Zuerst werden die Parameter einer Morphologie von Wandbelägen unsystematisch aufgelistet:

P1 = Basismaterial
P2 = Beschaffungsform
P3 = Einsatzort
P4 = Einsatzzweck
P5 = Qualitätsniveau
P6 = Angebotsform
P7 = Programmausbau
P8 = Veredelung im Einsatz
P9 = Verlegung

Als nächstes werden die Kriterien formuliert, nach denen die Auswahl konkurrierender Produktalternativen vorgenommen werden soll. Die Kriterien werden sodann nach unternehmensspezifischen Gesichtspunkten gewichtet (Gewichte in Klammern):

K1 = Auslastung vorhandener Anlagen (1,0)
K2 = Anpassung an das Vertriebssystem (0,7)
K3 = Marktvolumen (0,7)
K4 = Abstimmung auf das derzeitige Produktionsprogramm (0,5)
K5 = Investitionskosten (0,8)

Nun werden die Korrelationskoeffizienten zwischen den Parametern als «Produktelemente» und den Kriterien als «Produktauswahl-Elemente» eingeschätzt (Bild A.5).

	K1 (1,0)	K2 (0,7)	K3 (0,7)	K4 (0,5)	K5 (0,8)
P1	0,8	0,0	0,1	0,3	0,5
P2	0,5	0,0	0,0	0,1	0,4
P3	0,0	0,8	0,7	0,7	0,0
P4	0,0	0,4	0,9	0,7	0,0
P5	0,3	0,2	0,4	0,1	0,2
P6	0,8	0,1	0,5	0,3	0,6
P7	0,4	0,3	0,6	0,4	0,3
P8	0,0	0,2	0,7	0,2	0,0
P9	0,0	0,1	0,4	0,1	0,0

Bild A.5 Korrelationen zwischen Parametern und Auswahlkriterien im Beispiel «Wandbeläge»

Daraus ergeben sich folgende Wertigkeiten der Parameter:

$$WP1 = 0{,}8 \times 1{,}0 + 0{,}0 \times 0{,}7 + 0{,}1 \times 0{,}7 + 0{,}3 \times 0{,}5 + 0{,}5 \times 0{,}8 = 1{,}52$$

$$WP2 = 0{,}5 \times 1{,}0 + 0{,}0 \times 0{,}7 + 0{,}0 \times 0{,}7 + 0{,}1 \times 0{,}5 + 0{,}4 \times 0{,}8 = 0{,}87$$

$$WP3 = 0{,}0 \times 1{,}0 + 0{,}8 \times 0{,}7 + 0{,}7 \times 0{,}7 + 0{,}7 \times 0{,}5 + 0{,}0 \times 0{,}8 = 1{,}40$$

$$WP4 = 0{,}0 \times 1{,}0 + 0{,}4 \times 0{,}7 + 0{,}9 \times 0{,}7 + 0{,}7 \times 0{,}5 + 0{,}0 \times 0{,}8 = 1{,}26$$

$$WP5 = 0{,}3 \times 1{,}0 + 0{,}2 \times 0{,}7 + 0{,}4 \times 0{,}7 + 0{,}1 \times 0{,}5 + 0{,}2 + 0{,}8 = 0{,}93$$

$$WP6 = 0{,}8 \times 1{,}0 + 0{,}1 \times 0{,}7 + 0{,}5 \times 0{,}7 + 0{,}3 \times 0{,}5 + 0{,}6 \times 0{,}8 = 1{,}85$$

$$WP7 = 0{,}4 \times 1{,}0 + 0{,}3 \times 0{,}7 + 0{,}6 \times 0{,}7 + 0{,}4 \times 0{,}5 + 0{,}3 \times 0{,}8 = 1{,}47$$

$$WP8 = 0{,}0 \times 1{,}0 + 0{,}2 \times 0{,}7 + 0{,}7 \times 0{,}7 + 0{,}2 \times 0{,}5 + 0{,}0 \times 0{,}8 = 0{,}73$$

$$WP9 = 0{,}0 \times 1{,}0 + 0{,}1 \times 0{,}7 + 0{,}4 \times 0{,}7 + 0{,}1 \times 0{,}5 + 0{,}0 \times 0{,}8 = 0{,}40$$

Aus den bisherigen Schritten lassen sich folgende Schlüsse ziehen:

1. Die wichtigsten Gestaltungsparameter für die gestellte Aufgabe sind
   - P6, Angebotsform und
   - P1, Basismaterial.
2. P2, P8 und P9 können wegen ihrer geringen Wertigkeit bei der Lösungsfindung vorläufig vernachlässigt werden.
3. Für die Sequentielle Morphologie empfiehlt sich gemäß der Wertigkeiten der Parameter folgende Verarbeitungsreihe:
   1. Angebotsform (P6)
   2. Basismaterial (P1)
   3. Programmausbau (P7)
   4. Einsatzort (P3)
   5. Einsatzzweck (P4)
   6. Qualitätsniveau (P5).
4. Bei der sequentiellen Lösungsgewinnung sollten die interessantesten Ausprägungen der Parameter insbesondere nach Maßgabe folgender Kriterien ausgewählt werden:

Ausprägungen zu:	*im Hinblick auf:*
Angebotsform	K1, K3, K5
Basismaterial	K1, K5
Programmausbau	K3
Einsatzort	K2, K3, K4
Einsatzzweck	K1, K5
Qualitätsniveau	K3

Die Sequentielle Morphologie beginnt nun mit der Bestimmung von Kernstrukturen aus den beiden wichtigsten Parametern und deren Ausprägungen. Im Falle des Beispiels scheinen insbesondere zwei Kombinationen die Ziele der Diversifikation optimal zu erfüllen: Wandbeläge auf der Basis von Glasmatten und Keramik-Korn. Im Beispiel wird nur die Grundidee «Keramik-Korn» weitergeführt.

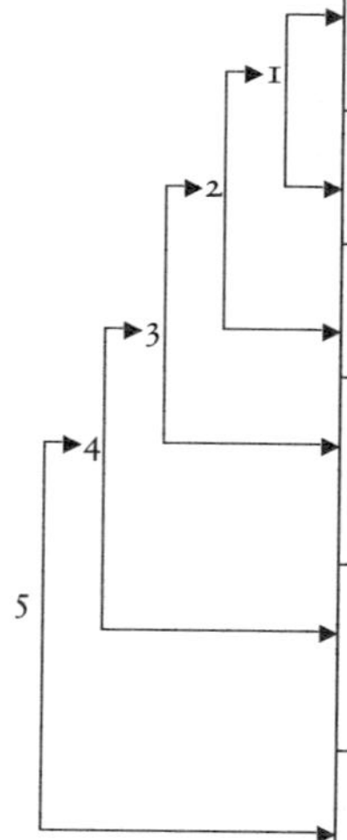

Parameter	Ausprägungen						
Angebotsform	Folie	Matte	starre, flächige Elemente	starre, räumliche Elemente	Pulver, Korn	Paste	...
Basismaterial	Holz	Glas	Keramik	Leicht-metall	Kunststoff	Leder	Textilien
Programm-ausbau	Produkt-variation	AtZ[1])	EspZ[2])	Spezial-service	...	...	
Einsatzort	Wohn-bereich	Sanitär-bereich	Vorrats-räume	Fassaden	Kultur-hallen	Fabrika-tions-hallen	...
Einsatz-zweck	funk-tionale Anpassung	Dekor	Schutz	Dämmung	Pflege-vorteil	...	...
Qualitäts-niveau	Prestige-Qualität	Solid-Qualität	Standard-Qualität	Surrogat-Qualität	Behelfs-Qualität		

[1]) Anwendungstechnisches Zubehör
[2]) Einsatzspezifisches Zubehör

Bild A.6 Sequentielle Morphologie, hier als Instrument zum Auffinden neuer Produkte [44]

Merkmal	Derzeitige Lösung	Merkmal-Varianten			
Form des Schirms	rund	oval	viereckig	dreieckig	unregelmäßig
Kante der Bespannung	eingenäht glatt	mit Fransen	gebogen gezackt	mit Schabracke	…
Material des Gestells	Stahlrohr lackiert	Stahlrohr verchromt	Aluminium	Kunststoff	…
Art der Bespannung	undurchsichtiges Gewebe	transparent getönt	gelocht perforiert	netzförmig	…

Bild A.7 Attribute-Listing zur Neugestaltung von Gartenschirmen [45]

Merkmal	derzeitige Lösung	alternative Lösungen 1	2	3	4	5	6	7	8	9	10	11	12
Herstellung des Ringes	Einzelguß unrund gegossen	Doppelrohling unrund gegossen	Doppelrohling rund gegossen	Einzelguß rund gegossen	Büchsenguß	Rohre	Strangguß	Formguß (in Sand)	Formguß (in Kokillen)	Stanzen aus Gußblechen	Feinguß	Rollen (aus Stab)	Druckguß
Form des Querschnittes		 Profil	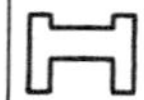	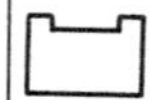	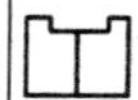	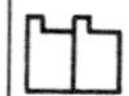							
Stegbeschichtung mit	Chrom	ohne Schicht	Oberflächenbehandlung des Grundwerkstoffs	Oberflächenlegierung	aktive Oberfläche (reagiert mit Öl)	Molybdän	Kunststoff	Spritzschmelzlegierung	Keramik	Wolfram	Zink	Sonderbronzen	Stellite
Anzahl und Form der Stege		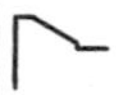				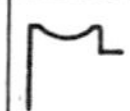							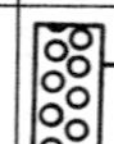
Aufbringen des Schichtmetalls	galvanisch	Flammspritzen	Plasmaspritzen	Plasmaschweißen	Reibschweißen	Aufdampfen	chemisch	Einwalzen	Kleben	Einbrennen	Tauchen	Löten	Härten
Erz. des Anpreßdrucks	Schlauchfeder	Öldruck von hinten	Gasdruck Druckluft	Unterdruck in Außennut	Flankenkonus	Spannschloß im Stoß	elast. Werkstoff einlegen	elast. Werkstoff eingeklebt	elast. Abstützung im Nutgrund	Bimetalleffekt	hydrodynamisch	Expanderfeder	Beschleunigung

Bild A.8 Einsatz der Methode Attribute-Listing für Rationalisierungsmaßnahmen bei der Herstellung von Öl-Abstreif-Ringen (Ausschnitt)

8. Morphologische Matrix

Medium \ Antrieb		Verbrennungsmotor	Elektromotor	Muskelkraft	Rückstoß	Dampfmaschine
Wasser	auf	Motorschiff	Boot	Tretboot	P	Dampfer
	unter	U-Boot	Klein-U-Boot	P	P	P
Land	Schiene	Diesellok	E-Lok	Draisine	P	Dampflok
	Straße	Kfz	P	Fahrrad	Raketen-Rennwagen	P
Luft		Propellerflugzeug	P	P	Jet	P
Weltraum		P	Mondauto	P	Rakete	P

Bild A.9 Morphologische Matrix über Transportfahrzeuge [46]

9. Morphologische Matrix

P2 \ P1		Nahrungsmittel		Apparate, el. Geräte	Personen	Tiere	Blumen	…
		fest	flüssig					
im Haus	Wohnen			i?			i?	…
	Sanitär							…
	Vorrat							…
Terrasse, Garten				i?				…
Auto		i?	i?					…
Büro								…
…								…

P1 = zu kühlende Objekte P2 = Kühlort

Bild A.10 Morphologische Matrix zur Suche neuer Kühlvorrichtungen oder -produkte für private Haushalte

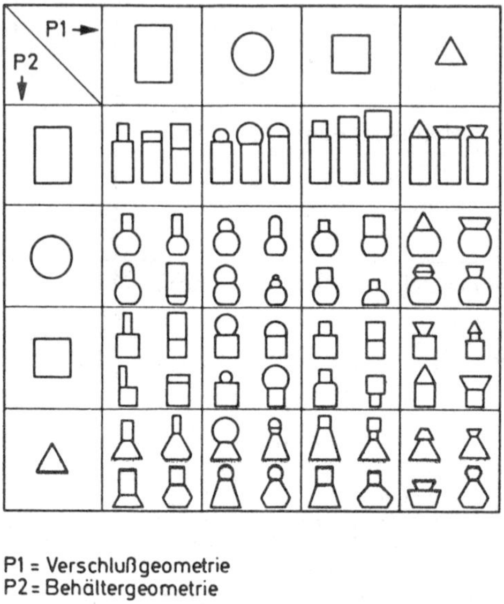

Bild A.11 Morphologische Matrix als Hilfsmittel beim Verpackungs-Design (nach Jonni Kreula, Enso-Gutzeit OY, Imatra)

11. Problemlösungsbaum

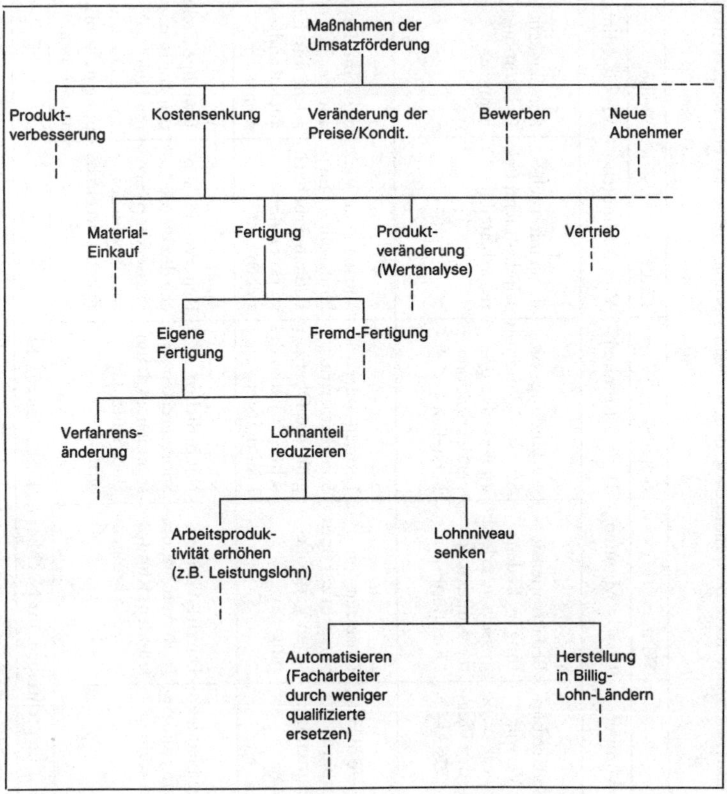

Bild A.12 Problemlösungsbaum über Maßnahmen der Umsatzförderung

Genaue Definition des Problems (bitte gut leserlich schreiben) Datum:

Problem: Wie kann ich trotz kleiner Schaufensterfront mein Warenangebot den Kunden optimal präsentieren? (Sportartikel und Sportbekleidung)

NAME	Hilmer	Lang	Winters	Schade	Lauff	Weiher
	I = 3 Minuten	II = 4 Minuten	III = 5 Minuten	IV = 6 Minuten	V = 6 Minuten	VI = 6 Minuten
1. Vorschlag	1 attraktive Schaufenstergestaltung	1 darin Bedarfsbündel mit Verwendungszweck (z. B. alles für den Pferdesport) als Aktion	1 Bedarfsorientierung im Laden fortsetzen, erleichtert Kunden die Orientierung	1 Verbindung von Straßendekoration zu Bedarfsgruppendekoration herstellen	1 dabei mit wechselnden Lichteffekten arbeiten	1 und bewegliche Dekorationen benutzen
2. Vorschlag	2 Durch Entfernen einer Begrenzung Ladentiefe sichtbar machen	2 Ladentiefe durch gut sichtbare Warenaufteilung gestalten	2 Einsetzen von Spiegeln zur optischen Vergrößerung	2 Fernseh- oder Spiegelübertragung aus Obergeschoß direkt in das Frontfenster	2 Vitrinen und Verkaufsständer im Fußgängerbereich stärker einbeziehen	2 dabei mit Fotos anderer Warenbereiche mischen, auch Randsortiment
3. Vorschlag	3 in kurzen Abständen «Spezialdekorationen»	3 bei jeder Neudekoration eine andere Sportart wählen	3 Durch Aktionen (z. B. Autogrammstunden) Kunden in Laden bringen	3 Mit örtlichen Sportvereinen abstimmen, evtl. um Unterstützung bitten	3 Reiterverein: Woche des Pferdes Wassersportverein: Woche des Tauchsports usw.	3 Jeweilige Zielgruppen vor und während der Zeit durch Direktwerbung persönlich ansprechen.

Bitte alle Vorschläge ganz kurz fassen und deutlich schreiben, Ihr Nachbar ist Ihnen dankbar!

Bild A.13 Alternativ-Vorschlag zur Gestaltung eines 635-Formulars mit Angabe der Teilnehmer an der Ideenfindungssitzung [47]. Der verfügbare Zeitaufwand wurde über die Runden hinweg ausgedehnt, da gegen Ende des Ablaufs eine zunehmende Zahl von Vorgängerideen zur Kenntnis genommen werden muß.

13. SIL-Methode

Problemstellung: Wie kann man die Auslastung eines Skandinavien-Kabinenfährschiffs in den touristikschwachen Jahreszeiten verbessern?

Einzelvorschläge der Teilnehmer:	Besonders gut daran ist …	Integrierte Lösungen:
① Fährschiff auf anderen Strecken einsetzen, z. B. Winterfahrten in südliche Gewässer	Sich flexibel auf veränderte Nachfrage im Jahreszeitenverlauf einstellen ↘	I. Fährschiff sollte als Hotelkapazität jeweils Häfen anlaufen, in deren Städten Großveranstaltungen (wie Messen, Kongresse usw.) stattfinden.
② Als schwimmendes Hotel vor Anker gehen	Zweck ändern: Nicht nur primär als Transportmittel, sondern verstärkt als Unterkunft allgemein einsetzen ↗	↓
③ Kabinen umrüsten und dadurch Frachtraum schaffen	Andere Dienstleistungen erfüllen: Dienstleistungen ausdehnen →	Wie I., zusätzlich mit Konferenzservice (Schreibbüros, Informationsdienste usw.). Evtl. auch als Ausstellungsfläche für Messe-Aussteller vermieten. ↓
④ Alle Vorteile einer Schiffsreise (z. B. Ruhe und völlige Abgeschiedenheit) für andere Zielgruppen als Touristen anbieten	Neue Aspekte von Schiffsreisen betonen. Weitere Zielgruppen finden, die die Vorteile von → – Ungestörtheit und – Abgeschiedenheit usw. nutzen wollen.	Sonderfahrten für größere Gruppen (aus der Wirtschaft), um zum Beispiel – an Bord Seminare abzuhalten – Konferenzen durchzuführen – usw. ↓
⑤ usw.		

Bild A.14 Verarbeitung von Einzelideen zu integrierten Lösungen mit der SIL-Methode

14. Synektik

Verfahrensstufe	Darstellung am Beispiel
Vorgegebenes Problem	Es sind Medikamentenverpackungen zu entwickeln, die von Erwachsenen aufgrund der Kenntnis eines ebenso einfachen wie wirkungsvollen Sperrmechanismus zwar leicht zu öffnen sind, Kindern (bis ca. 6 Jahre) den Zugriff zu den Medikamenten jedoch erschweren.
Spontan-Lösungen (Purge) Die der Gruppe zum Problem unmittelbar bewußt werdenden Lösungen werden abgegeben, um den weiteren Prozeß unbeschwert zu durchlaufen.	Sicherung eines Tablettenröhrchens durch eine Art Zahlenkombinationsschloß. Drehverschlüsse mit Schlitz, in den man eine Münze stecken muß. Der Dosierungslöffel wird als Öffnungswerkzeug ausgebildet usw.
Spezifiziertes Problem Die Gruppe formuliert gemeinsam das Problem neu, um Auffassungsunterschieden vorzubeugen und interessante Problemelemente herauszustellen.	Wie Ausgangsproblem, jedoch mit der Bedingung, daß die Verpackung bzw. der Verschluß nur sehr geringe Mehrkosten verursachen darf.
Direkte Analogie Als Analogiebereich wird hier die Natur gewählt. Frage: Sind Fälle bekannt, wo sich die Natur vor Zugriffen schützt?	Augenlid, Muschel, Stinktier, Dornen, Igel, Chamäleon, Eßkastanie, Stechmückenei, Tintenfisch usw. (Die Gruppe wählt «Eßkastanie» als interessanteste Analogie aus.)
Persönliche Analogie Die Gruppe muß sich mit einer Eßkastanie identifizieren.	Wie fühle ich mich als Eßkastanie? Bin stolz auf meine Stacheln; möchte jemandem auf die Glatze fallen; ob man beim Gegrilltwerden schwitzt?; gewappnet; ich ersticke in meiner Schale usw. (Der Gruppe gefällt die Analogie: «Ich will auf eine Glatze fallen» am besten.)
Symbolische Analogie Der Gehalt der persönlichen Analogie soll nun in einen Titel aus zwei Wörtern – Adjektiv und Substantiv – gefaßt werden, der spannungsgeladen und paradox ist. Dieser Schritt bereitet erfahrungsgemäß einige Schwierigkeiten.	Defensive Aggression, halsbrecherische Freude, lustvolle Trauer, morbide Lebenslust, masochistische Erwartung, herausfordernde Blankheit usw. (Die Gruppe wählt «morbide Lebenslust» aus.)

Verfahrensstufe	Darstellung am Beispiel
Direkte Analogie Nun aus dem Bereich der Technik: Was könnte auf «morbide Lebenslust» zutreffen?	Rennwagen, Charterflug, Skalpell, Feuerwerk, alte Dampflok, Starfighter usw. (Man einigt sich auf die «alte Dampflok» als treffendste Analogie.)
Analyse der Analogie Welche Elemente, Merkmale oder Umstände sind mit einer alten Dampflok verbunden?	1. Stößt Rauch und Ruß aus. 2. Hat verschlungene Leitungen 3. Hinundherbewegungen der Kolben werden in Rotation umgesetzt. 4. Schrauben müssen nachgezogen werden usw.
Force-Fit Geben die Analysebegriffe zu Lösungsansätzen Anregungen? Was haben sie mit dem Problem zu tun?	zu 1.: Ein kleines Schwämmchen, das mit beißender oder übelriechender Flüssigkeit getränkt ist, liegt zwischen Öffnung und Medikament. zu 2.: Pillendose mit Innenlabyrinth. Nur wenn vorgeschriebene Drehbewegungen eingehalten werden, gibt das Labyrinth eine Pille frei. zu 3.: Federnd angebrachter Drehverschluß. Nur wenn er in einem Zug um nahezu 360° gedreht wird, kann eine Entnahmelasche gezogen werden. Läßt man den Verschluß los, schnappt er in Nullstellung zurück. zu 4.: Der Verschluß einer Medikamentenflasche hat einen Innensechskant. Der Löffelstiel eines mitgelieferten Einnahme-Löffels ist als Sechskantschlüssel ausgebildet, usw.

Bild A.15 Ablaufbeispiel einer Synektik-Sitzung [48]

15. Synektik

Problemstellung:
«How can corundum powder (Al_2O_3) steadily be conveyed to an oxygen stream in order to grow monocrystals by zone-melting?»

The problem discussion encompasses the following: corundum powder is very fine grained (about 2.8 angstrom); tends to stick and if sedimented does not irrigate or flow; Al_2O_3 is hygroscopic, erosive, flaky and has a bulk density of about 0.1 kg./l. The restrictions are that dosing should be exactly 0.1 mg./millisec. to a constant oxygen stream.

The spontaneous response included: use deep-freeze techniques; circulation within the Al_2O_3 storage tank; dosing by cyclone; electrostatic charging of Al_2O_3 flakes; the hot wall of the conveying tube may prevent sticking.

The problem, as understood, is to introduce small quantities of the powdered material into a steadily flowing stream.

First Direct Analogies evoke:
Seed.
Sandstorm.
Hail.
Smoke of a volcano.
Stalagmite.
Falling star.
Fog.
Spores.
The group selects «stalagmite».
Personal Analogies: How do I feel as a stalagmite?
I am always wet.
I've lots of time to wait.
Always in the dark.
Undiscovered.
My head is growing.
I'd like to move to a friend.
The group selects «I've lots of time to wait».

Symbolic Analogies resulting from this selection are:
Wasted hurry.
Slow clock.
Shortened eternity.
Missed occasion.
Late date.
Deadly ennui.
Impetuous waiting.
The group selects «shortened eternity».
Second Direct Analogies now evoke:
Countdown.
Slow motion.
Travel schedule.
Atomic bomb.
Surpassing maneuver.

Dripping tap.
Arc (electric).
Stopwatch.

The group selects «dripping tap».

From this selection, the group now makes an Analysis of the Analogy, and obtains:

1. Worn-out thread.
2. Waterdrops have high surface tension.
3. Taps often have two outlets for cold and hot water.
4. Deposit of calcareous incrustation.

The final step of this technique is the forcefit, which results in the development of solutions. Using the ideas conceived in the preceding stage, the group reaches the following conclusions:

From (1): Two grindstones made form Al_2O_3 rub on each other due to different rotational speeds, thus releasing corundum powder.

From (2): Spray corundum powder on an electrostatic field.

From (3): Arc between two bars made from Al_2O_3.

From (4): Draw a circulating ribbon through the corundum powder, which adheres there and is blown off again with a separate oxygen stream.

16. Synektik

Problemstellung: Die heute verfügbaren Prothesen ersetzen die Funktionen der verlorengegangenen Extremitäten – Arme oder Beine – nur sehr mangelhaft. Einer der Gründe ist die komplizierte Steuerung von Kunstgliedern. Ideal wäre eine willensabhängige Steuerung über die Nervenimpulse an der Amputationsstelle. Dazu müßten die Impulse des Nervs aufgefangen, verstärkt und zur Motorik der Prothese geleitet werden. Von diesem Ziel sind wir allerdings noch sehr weit entfernt. Zunächst sollen einfache Überlegungen angestellt werden, wie man Nervenimpulse durch Kontaktierung eines Nervs aufnehmen könnte. Eine entsprechende Vorrichtung soll «Nervenstecker» genannt werden. Besondere Probleme liegen dabei in der Isolierung der Elektroden und in der Empfindlichkeit des Nervs.

Verfahrensschritt:	*Konkreter Ablauf der Synektiksitzung:*
Problemanalyse	Klärung der Schwierigkeiten bei der Realisierung der Übertragung von Nervenimpulsen.
Spontanreaktionen	Leiter um den Nerv wickeln, Leiter an den Nerven ankleben (geeignete Kleber sind verfügbar); punktierter Kontakt am Nerv durch «Anquetschen» einer Art Nieten; Nerv in ein Röhrchen wachsen lassen, in dem eine Elektrode aufgedampft ist usw.
Neudefiniertes Problem	unverändert
1. Direkte Analogie (aus der Natur)	Wo und wie werden in der Natur Impulse aufgenommen? – Balzrufe – Ameisen erkennen sich am Geruch – Fledermaus fängt ihre eigenen Signale auf – Wanzen und Zecken reagieren auf Buttersäure – Schwänzeltanz der Bienen – Blüten öffnen sich bei Licht usw. Die Gruppe wählt «Zecke» aus.
Persönliche Analogie	Wie fühle ich mich als Zecke? – blutdürstig – aggressiv – wie ein Wegelagerer – isoliert – könnte fressen bis zum Platzen – lauere auf ein zartes Mädchen usw. Ausgewählt: «Wegelagerer»
Symbolische Analogie	– freundlicher Räuber – unfreiwillige Bereicherung – verkappter Parasit – monetärer Blutsauger – fauler Räuber – menschliche Spinne usw. Ausgewählt: «menschliche Spinne»

Bild A.16 Ablaufbeispiel einer Synektiksitzung [49]

2. *Direkte Analogie* (aus der Technik, zu: menschliche Spinne)	Auf welches technische Gerät, Verfahren usw. könnte die Bezeichnung «menschliche Spinne» zutreffen? – Radargerät – Fallschirm – Luftfilter – Moskitonetz – Karussell – Telefonnetz – Takelage eines Segelschiffs – Place d'Etoile – Fernsehantenne usw. Die Gruppe wählt aus: «Fallschirm»
Analyse des Analogiebegriffes	Merkmale, Eigenschaften usw. eines Fallschirmes: (1) nutzt den Luftwiderstand aus (2) steht unter mechanischer Spannung (3) hat Schnallen und Löcher (4) entfaltet sich (5) wird nur zeitweilig benutzt (6) ist in Segmente eingeteilt usw.
Lösungsentwicklung	aus (1): Nervenstecker als dünner, aufblasbarer Reif, der sich jedem Durchmesser anpaßt. Auf die Folie ist Metall aufgedampft. aus (2): Sollten mit einem Nervenimpuls auch mechanische Spannungen im Nerv auftreten, könnten diese evtl. mit einem Piezokristall gemessen werden. aus (3): Nerv (durch Kollagene) flach auf eine perforierte Auflage wachsen lassen, durch die hindurch man den Nerv mit Stiften kontaktiert. Kontakte evtl. aus proteinischen Halbleitern. aus (4): Nervenenden wachsen zu kugeligen Neuronen aus. Diese Neuronen könnten sich gut in einem schalenförmigen Kontakt festsetzen. usw.

Bild A.17 Ablaufbeispiel einer Synektiksitzung [50]

17. Semantische Intuition

Problemstellung: Es werden Ideen für neues Küchen- und Speisezubehör gesucht.

1. Spontanes Assoziieren von bereits vorhandenem Zubehör und Begriffen aus dem Umfeld «Küche/Speisen».
   Zerlegen zusammengesetzter Hauptwörter in ihre Wortbestandteile.

1	Herd	a	Deckel
2	Dampf	b	Messer
3	Platte	c	Mixer
4	Kartoffel	d	Teller
5	Stampfer	e	Öffner
6	Reib	f	Sieb
7	Eisen	g	Eier
8	Kühl	h	Becher
9	Schrank	i	Presse
10	Grill	k	Nudel
11	Pfanne	l	Holz
12	Rost	m	Gabel

(Die Vielfalt und Originalität der erzielbaren Ideen kann beträchtlich angehoben werden, wenn auch Begriffe aus «küchenfremden» Gegenstandsbereichen in die Kombinationen einbezogen werden.)

2. Aus zufälligen Kombinationen der aufgelisteten Begriffe ergeben sich u.a. diese Anregungen und Ideen:

1/c: Mixer mit Wärmeabgabe, um bestimmte Mixvorgänge unter höherer Temperatur ablaufen lassen zu können.

6/a: Topfdeckel mit erweiterten Funktionen, zum Beispiel mit einer Reibstelle für Muskatnüsse etc.

7/g: Tauchwärmespeicher, die man zwischen der Speise in den Servierschüsseln beläßt und welche z.B. Suppen und Saucen von innen heraus warmhalten.

11/h: Besonderes Design für Trinkgeschirr

8/3: Servier-Platte zum Kühlhalten von Desserts.

f/h: Teeglas mit separater Siebkammer zum Zurückhalten der Teeblätter.

Bild A.18 Anwendung der Semantischen Intuition zum Auffinden neuer Produkte

18. TILMAG-Methode

Problemstellung: Der Kauf einer Wohn-Immobilie kann für den Käufer das wirtschaftlich bedeutungsvollste Geschäft seines Lebens sein. Ob er sich für ein bestimmtes Immobilienangebot entscheidet, wird dabei nicht nur durch die Erwerbsbedingungen bestimmt, sondern ebenfalls durch die Form der Objektpräsentation durch den Makler.

Es werden Ideen gesucht, wie solche Präsentationen in angemessener Weise gestaltet werden können.

1. Aufstellen der idealen Lösungselemente

   Zielsetzung: Die Präsentation soll bewirken, daß

   - sich der Interessent mit dem Objekt identifiziert,
   - die Wert-Anmutung möglichst eindrucksvoll ist,
   - die positiven Objekteigenschaften hervorgehoben werden,
   - der Interessent sich als potentieller Käufer geschätzt fühlt.

   Daraus werden hergeleitet:
   IL1: sich identifizieren
   IL2: hohe Wertanmutung
   IL3: Positives hervorheben
   IL4: persönliche Einbindung
   IL5: geschätzt werden
2. Aufstellen und Ausfüllen der Assoziations-Matrix
3. Ideenfindung (1), Auszug

Assoziation «Freundeskreis»
Analyse: nicht erforderlich

Lösungsgedanke: Den Interessenten bitten oder ihm offenstellen, gute Freunde zur Objektbesichtigung mitzubringen.

Assoziation «Filmrolle spielen»
Analyse: Jeder Filmschauspieler wird sehr angetan sein, eine Hauptrolle zu spielen. Er wird sich nicht nur damit identifizieren, sondern – da der Film bleibend ist – sich auch gerne selbst in seiner Rolle betrachten.

Lösungsgedanke: Video-Aufnahme der Objektbesichtigung. Der Interessent erhält die Cassette, die er zu Hause in Ruhe noch einmal betrachten kann. Dadurch wird unterstützt, sich mit der Rolle als potentieller Hausbesitzer zu identifizieren.

Assoziation «Gutes Horoskop»
Analyse: Da sich viele Menschen eine gute Zukunft wünschen, lesen sie gerne aus ihren persönlichen Horoskopen das Positive heraus.

Lösungsgedanke: Der Makler erfragt das Geburtsdatum des Interessenten, sucht zum Besichtigungsdatum eine Horoskopaussage, die den Kauf ratsam erscheinen läßt, und überreicht

IL1–4 / IL5–2	sich identifizieren	hohe Wertanmutung	Positives hervorheben	persönliche Einbindung
geschätzt werden	Freundeskreis	wertvolles Geschenk	Laudatio	Geburtstagsfeier
persönliche Einbindung	Filmrolle spielen	Schmuck	Wahlkampf	X
Positives hervorheben	gutes Horoskop	Urkunde mit Siegel	X	X
hohe Wertanmutung	Ölbild der eig. Person	X	X	X

Bild A.19 Assoziations-Matrix

dies – hübsch aufgemacht – mit der notwendigen Unverbindlichkeit als kleines «Zusatz-Argument».

Assoziation «Ölbild der eigenen Person»
Analyse: Ein Ölbild der eigenen Person unterstreicht die Bedeutsamkeit, die einem zukommt. Gleichzeitig sieht man es als Vermächtnis für die Nachkommen.

Lösungsgedanke: Der Kunde erhält nach der Objektbesichtigung ein gerahmtes Großphoto. In einem begleitenden Schreiben wird der «historische Moment» dieser Stunde für die Familie hervorgehoben.

4. Gemeinsamkeiten-Matrix (gekürzt)
5. Ideen aus den erkannten Gemeinsamkeiten
Aus G1: «Sie geben Sicherheit; man kann sich darauf verlassen» folgt: Ein Architekt begleitet die Präsentation und gibt verläßliche Auskünfte über Zustand und Wert der Bausubstanz.

Aus G2: «Sind wertvoll und überdauern die Zeit» folgt: Betonung der Tatsache, daß das eigene Heim für die Familie über Generationen hinweg bleibend ist und von wachsendem Wert.

Aus G3: «Geben Zuversicht für die Zukunft» folgt: Am Objekt werden Möglichkeiten der Umwidmung erläutert, um auch unter eventuell veränderten Familienbedingungen in Zukunft die optimale Nutzung zu sichern.

	Freundes-kreis	Filmrolle spielen	gutes Horoskop	Schmuck
Urkunde mit Siegel	G1	G5	G8	G10
Schmuck	G2	G6	G9	
Gutes Horoskop	G3	G7		
Filmrolle spielen	G4			

Bild A.20 Gemeinsamkeiten-Matrix

Aus G4: «Man zeigt sich gerne von der besten Seite» folgt: Vor der Präsentation des Objektes jene Betrachter-Standorte ausfindig machen, von denen aus die Wirkung besonders beeindruckend ist. Als Zeitpunkt den späten Nachmittag und Abend wählen (Objekt liegt in der untergehenden Sonne; nächtliche Terrassen- und Gartenbeleuchtung, heimeliger Eindruck) usw.

Literaturverzeichnis

[1] HOLT, K.: Notes on Innovation and Creativity. Trondheim: 1973. Institutt for Industriell Økonomi og Organisasion, Norges Tekniske Høgskole, Trondheim 1973.

[1a] SCHLICKSUPP, H.: Produktinnovation. Wege zu innovativen Produkten und Dienstleistungen. Würzburg: Vogel-Buchverlag, 1988.

[2] Eine umfangreiche Zusammenfassung externer Informationsquellen und Innovationshilfen findet sich in «Lotsendienst für innovationswillige Unternehmen», Serviceschrift zum Deutschen Marketing-Tag '78, hrsg. von der Deutschen Marketing-Vereinigung e. V., Düsseldorf.

[3] SCHLICKSUPP, H.: Kreative Ideenfindung in der Unternehmung. Berlin und New York: De Gruyter, 1977, S. 202 f.

[4] KERN, W., und H.-H. SCHRÖDER: Forschung und Entwicklung in der Unternehmung. Hamburg: Rowohlt, 1977, S. 112 f.

[5] Innovationen – Schwachstellen beim Mittelstand. In: Wirtschaftswoche, Nr. 18, 30. 4. 1979, S. 80–85.

[6] Vgl. auch: Managementlücken im Mittelstand. Ergebnisse einer empirischen Untersuchung. Hrsg. von der manager magazin Verlags-GmbH, Hamburg, Dezember 1977.

[6a] SCHELKER, TH.: Problemlösungsmethoden im Produktinnovationsprozeß. Bern und Stuttgart 1976.

[7] DREVDAHL, J.: Factors of importance for creativity. In: Journal of Clinical Psychology, 1956, Nr. 12, S. 21–26.

[8] ULMANN, G.: Kreativität. Weinheim, Berlin und Basel: Beltz-Verlag, 1968.

[9] siehe 5, S. 82.

[10] GUILFORD, J. P.: Creativity: Its Measurement and Development. In: Parnes/Harding (Hrsg.), A Source Book for Creative Thinking. New York: Scribner's Sons, 1962.

[11] KIRST, W., und U. DIEKMEYER: Creativitätstraining. Reinbek: Rowohlt, 1973.

[12] MATUSSEK, P.: Kreativität als Chance. Der schöpferische Mensch in psychologischer Sicht. München und Zürich: Piper, 1974.

[13] POINCARÉ, H.: The Foundations of Science. New York, 1913.

[14] LINNEWEH, K.: Kreatives Denken. Karlsruhe: Gitzel, 2. Aufl., 1978, S. 28 f.

[15] Siehe zu diesem Themenkreis auch BENDIXEN, P.: Kreativität und Unternehmensorganisation. Köln: Kiepenheuer & Witsch, 1976.

[16] Vgl. hierzu GESCHKA, H.: Das Erfinden managen. In: VDI-Nachrichten, 16/Nr. 26, 1. Juli 1977.
[17] Über grundsätzliche Fragen zur Natur der Methoden berichten GESCHKA, H. und H. SCHLICKSUPP: Methoden der Ideenfindung – Diskussion eines neuen Instrumentariums. In: analysen und prognosen, März 1973, S. 15–18.
[18] VESTER, F.: Denken, Lernen, Vergessen. Stuttgart: Deutsche Verlags-Anstalt, 1975, S. 96 ff.
[19] SCHLICKSUPP, H.: Kreative Ideenfindung in der Unternehmung, a.a.O., S. 19.
[20] ALTER, U., H. GESCHKA, G. R. SCHAUDE und *H. SCHLICKSUPP:* Methoden und Organisation der Ideenfindung. Unveröffentlichter Forschungsbericht des Battelle-Instituts, Frankfurt, 1972, S. 146 f.
[21] SCHLICKSUPP, H.: a.a.O., S. 235/236.
[22] ZWICKY, F.: Entdecken, Erfinden, Forschen im morphologischen Weltbild. München, 1971.
[23] Ausführliche Beschreibung bei SCHLICKSUPP, H.: Kreative Ideenfindung in der Unternehmung, a.a.O., S. 99–108.
[24] SCHLICKSUPP, H.: Methoden zur Ideenfindung für innovative Problemlösungen – Folienprogramm I. Frankfurt und Offenbach: Jünger Verlag/Promoter Verlag, 1979, nach Folie B 42.
[25] Vgl. ROTHENBACH, F.: Problemfelder: methodisches Instrument der Produktentwicklung. In: Industrielle Organisation 36/1967, Nr. 8, S. 333–340.
[26] OSBORN, A.: Applied Imagination – Principles and Procedures of Creative Thinking. New York, 1953.
[27] CLARK, CH.: Brainstorming. München: Moderne Industrie, 1973, S. 79 f.
[28] Die Bildung des Begriffs «Brainwriting» wird von B. ROHRBACH in Anspruch genommen.
[29] Vgl. ROHRBACH, B.: Techniken des Lösens von Innovationsproblemen. In: Schriften für Unternehmensführung 15. Wiesbaden: Gabler, 1972.
[30] SCHLICKSUPP, H.: Kreative Ideenfindung in der Unternehmung, a.a.O., S. 119 f.
[31] GORDON, W. J. J.: Synectics, the development of creative capacity. New York, Evanston, London, 1961.
[32] Siehe auch GESCHKA, H., und H. SCHLICKSUPP: Techniken der Problemlösung. In: Rationalisierung 12/1971, S. 297–300, 312.
[33] Ausführliche Beschreibung bei SCHLICKSUPP, H.: Kreative Ideenfindung in der Unternehmung, a.a.O., S. 108–114.
[34] SCHLICKSUPP, H.: Idea-Generation for industrial firms – report on an international investigation. In: R&D Management, Vol. 7, No. 2, Feb. 1977, S. 61–69.
[35] Ausführlichere Beschreibung bei SCHLICKSUPP, H.: Kreative Ideenfindung in der Unternehmung, a.a.O., S. 228/229.
[36] Ausführlicher dito, S. 114–117.
[36a] KELLER, A. F.: Methoden zum Finden neuer Ideen. In: Marketing-Journal, Nr. 2, 1971, S. 154 f.
[37] Über dieses Erlebnis des Hineinversetzens in das Problem bei schöpferischen Prozessen berichtet aus eigener Anschauung und sehr treffend FÖRSTER, FR.: Von Glück und Leid des Erfinders. In: Mitteilungen der Deutschen Patentanwälte, Heft 8/9, 1977.

[38] SCHLICKSUPP, H.: Kreative Ideenfindung in der Unternehmung, a.a.O., S. 67 ff.
[39] GESCHKA, H., G. R. SCHAUDE und H. SCHLICKSUPP: Modern Techniques for Solving Problems. In: International Studies of Management & Organization, Winter 1976/77, S. 45–63.
[40] ALTER, U., u.a., a.a.O., S. 60.
[41] Nach F. ROTHENBACH: Morphologie bei der Planung neuer Produkte. In: Industrielle Organisation, Nr. 8, 1967.
[42] Quelle: Chemiker Zeitung, 95. Jg. (1971), Nr. 9.
[43] Nach PAUSEWANG, V., und H. SCHLICKSUPP: So finden Sie systematisch Problemlösungen. In: Absatzwirtschaft, Heft 21/22, Nov. 1972.
[44] Nach SCHLICKSUPP, H.: Kreative Ideenfindung in der Unternehmung, a.a.O., S. 104 f.
[45] Siehe MATHEIS, R., B. ANTE, I. R. G. FERGUSON, H. SCHLICKSUPP und *A. WILLI:* Praxis der marktorientierten Unternehmenssteuerung. Düsseldorf: VDI-Verlag, 1973, S. 220.
[46] dito, S. 221.
[47] Nach HANS, K.-F., und W. SCHÖMBS: Ideen entwickeln, Probleme lösen, Maßnahmen vorbereiten. Köln: BBE-Verlag, 2. Aufl. 1976, S. 25.
[48] S. MATHEIS, R., u.a., a.a.O., S. 227/228.
[49] Nach GESCHKA, H., G. R. SCHAUDE und H. SCHLICKSUPP: Modern Techniques for Solving Problems. A.a.O., S. 52 f.
[50] Nach ALTER, U., u.a., a.a.O., S. 74/75.
[51] VOLKER BUGDAHL: Methoden der Entscheidungsfindung. Würzburg: Vogel Buchverlag, 1990.
[52] VOLKER BUGDAHL: Kreatives Problemlösen. Würzburg: Vogel Buchverlag, 1991.

Stichwortverzeichnis